赵崇明 著

港式中产

Hong Kong Middle Class

北京大学出版社
PEKING UNIVERSITY PRESS

著作权合同登记号 图字：01-2013-0825
图书在版编目（CIP）数据

港式中产 / 赵崇明著．—北京：北京大学出版社，2014.3
（沙发图书馆·人间世）
ISBN 978-7-301-23618-5

Ⅰ．①港… Ⅱ．①赵… Ⅲ．①中等资产阶级－研究－香港 Ⅳ．①D663

中国版本图书馆CIP数据核字(2013)第309065号

此书中文繁体字版原名为《港式中产》。©2011 基道文字事工有限公司。
中文简体字版由基道文字事工有限公司授权北京大学出版社有限公司出版。

书　　　　名：	港式中产
著作责任者：	赵崇明　著
责 任 编 辑：	吴　敏
标 准 书 号：	ISBN 978-7-301-23618-5/G·3760
出 版 发 行：	北京大学出版社
地　　　　址：	北京市海淀区成府路205号　100871
网　　　　址：	http://www.pup.cn　新浪官方微博：@北京大学出版社
电 子 信 箱：	pkuwsz@126.com
电　　　　话：	邮购部 62752015　发行部 62750672
	出版部 62754962　编辑部 62752025
印　刷　者：	北京中科印刷有限公司
经　销　者：	新华书店
	880mm×1230mm　A5　5.875印张　140千字
	2014年3月第1版　2014年3月第1次印刷
定　　价：	29.00元

未经许可，不得以任何方式复制或抄袭本书之部分或全部内容。
版权所有，侵权必究
举报电话：(010) 62752024　电子信箱：fd@pup.pku.edu.cn

我们讨论的是香港的中产阶级

前言——
中产独大的迷思

有香港读者读完这本书的初版之后,给了我一些意见,他们认为任何一个社会都有中产阶级存在,随着香港社会经济的发展,愈来愈多中产出现也是很自然的事,何况中产阶级确实对社会的稳定和发展具有非常大的贡献。因此认为我不宜对中产做出过份的批判,甚至批评我在书内那种"反中产"的论调有点无病呻吟。要回应这些意见,我认为必须要区分清楚"中产阶层""中产文化(或价值观)"、强势或独断的"中产意识型态"之间的分别。

首先必须强调,我从来没有反"中产"。"中产"是任何现代社会都必然存在的一个社会阶层,我想不出有任何反对这个阶层存在的理由,因此我从没有想过要反对或打倒中产,只让无产阶级专政。何况如果中产阶级被定义为一群在现代资本主义社会里具有较高学历而担任行政管理及专业工作的雇员,也包括一班拥有文化资本的知识分子、艺术工作者和从事创意产业的文化人,这些职业对社会绝对有贡献,我毫无理由要"反"这些职业。就算按照香港财政司司长曾俊华先生的讲法,月入高达三十万的仍算是中产,我也没有理由要"反"月入三十万的人。富有本身不是罪,富豪不一定是罪人(唯利是图和为富不仁的固然例外),我为何要反他们?甚至我们真的不应不问理由就去仇富。

这本书要思考和批判的对象乃是"中产文化(或价值观)",不过也要事先声明,并非所有"中产文化(或价值观)"都是坏东西,都要抽出来反对和批判一番。如果"文化"是代表某种生活方式,每个人都有权选择他自己的生活,我有何理由可以反对中产自己选择的生活文化呢?正如曾俊华先生所讲,看法国电影和饮咖啡是他心目中的中产文化或生活方式,我为何要反对?如果中产是一班追求生活质素和讲究生活品味的人,喜欢饮红酒、吃法国大餐、打高尔夫球,又有何不可?何况有些"中产文化(或价值观)"是非常正面的,例如在婴儿潮那一代的中产阶层当中,他们拥有一些被视为中产的美德——如客观理性、谨慎、克勤克俭、毅力、脚踏实地等,这些美德不但不应反对,反而要加以肯定。

因此,除了批判之外,本书的重要任务就是要探索和思考以下的问题:谁是中产?什么是港式中产的文化?什么是港式中产风格?港式中产有何思维方式?港式中产又有什么核心价值?

而这本书要反对或批判的,也只是那些强势而带有某些问题的"中产意识型态"而已。例如龙应台女士提到的代表资本主义某些意识型态的"中环价值",恰巧它正是香港中产的核心价值。其实,我们也不应该全面或一刀切地否定"中环价值"或资本主义本身,讲经济发展和工作效率也不一定是问题,问题只在于"中环价值"的独大和垄断,问题只是它已经成为一种霸权式的意识形态。而更要正视的是,"中环价值"这种独大的"权势"已经主宰了香港人的生活文化,资本主义已经不单是一种经济体系,它已经渗透入不同的文化领域内而呈现出一种港式资本主义生活的意识形态。事实上,资本主义的价值观、思维方式、生活实践(例如自由市场的机制鼓吹追求私利、成本效益的利害计算、弱肉强食的全面竞争、无休止的经济发展、燃起无穷欲望的消费主义等),已经水银泻地般渗透到社会及生活各层面,包括衣食住行的日常生活、城市空间的规划和使用、教育、社会服务、人际及家庭关系等,似乎均无一幸免!

由此可见,这种港式中产文化的价值观,已经成为香港社会的核心价值。就算基层人士的文化或生活方式跟中产阶层的格格不入,但在他们的心底里面,岂不是同样毫无保留地认同中产的价值观么?岂不是同样向往中产的生活,渴望有朝一日可以成为中产么?中产价值,已是香港社会传诵的神话,以及挥之不去的迷思。

要剖析现在,展望将来,不得不从历史说起。本来香港只是一个贫穷的渔港,战后涌入大批国内移民,形成香港的第一代人,当时大多数人仍然生活于贫困之中。那么,香港的中产阶级究竟何时出现?根据吕大乐及王志铮在《香港中产阶级处境观察》的分析,香港中产阶级的出现应该是在七十年代中后期的事,那时正是香港经济开始步入黄金的年代,不少本来只是社会底层背景的人,都能够通过经济发展所带来的社会结构性向上流动的机会,晋身中产。故此,第一代中产阶级的冒起,基本上跟战后香港社会经济高速发展息息相关,他们可说是亲身经历、见证及有份促成香港经济成功发展的一代,也就是吕大乐在《四代香港人》所提到的"战后婴儿潮"(即1946—1965年出生)的第二代人了。

正如上文提过,港式中产的核心价值相对比较单一,只有某两三种价值(例如中环价值)独大。然而,今日的中产,除了第二代之外,当然也包括吕大乐所提到的第三代和第四代了。在偌大的中产部落社群里面,已经居住了多元文化的不同族群。当我们还在谈论,布波族(BoBo)如何成为中产部落里面新兴的社会精英族群的时候,原来已有多个族群陆续现身和赶紧登场。计有飞特族(Freeter)、尼特族(NEET)、御宅族(Otaku)、丁克族(DINK)、辣奢族(Luxury)、月光族、草莓族、穷忙族、99族等。故此,香港的中产阶级,已经不再只是由单一文化形态、风格和价值观构成的部落。面对各式各样新兴中产族群的冒起,真的令人有点眼花缭乱的感觉。由"战后婴儿潮"的第一代中产阶级,到今天的不同中产族群,展示了中产阶层的多元面谱。因此,中产价值理应不再是铁板一块、单调乏味、唯我独尊,而是不断自我批判,更新变化,以谦逊的态度向未来全然开放。

感谢《时代论坛》的总编辑罗民威先生,提议我在2010年开一个专栏写一些关于布波族和中产文化的文章,于是专栏就以"中产部落"为名,一写就写了整整一年。现在将这些文稿稍经修改,并增补一些文章,一同结集而成这本文集,盼望能抛砖引玉,引发更多人对这课题的关注和讨论。这本书的初版得以面世,当然要感谢基道出版社愿意出版,亦衷心多谢梁冠霆博士及其他同工在编辑等工作上所作的贡献。当然特别要感谢的,还有在百忙中愿意抽空为初版写序的李锦洪社长,以及写推介文的邹崇铭先生和刘倩怡小姐。在写作专栏期间,亦曾拜读邹兄的《香港的郁闷——新生代vs婴儿潮世代》一书,获益良多。不过更令我意想不到的,就是拙作竟然有机会在国内出版,在此不能不衷心感谢北京大学出版社愿意出版此书,以致能有机会与国内的读者作思想上的交流。中国正值经济崛起,中产阶级已经布满北京、上海、广州、深圳等大城市,中国社会愈来愈"中产化"也已经是不争的事实,盼望这本小书的一些反思,可以成为内地同胞反省自己身处的社会文化的一些资源。

赵崇明

目录
Contents

第一部 港式中产迷思

迷思一：命名

谁是中产？ 003
阶级流动 006
上流社会 010
下流社会 012
老香港的黑白照 014

迷思二：性向

婴儿潮与"八十后"的世代战 019
只问成就 022
实际最紧要 026
崇拜专业主义 029

迷思三：备战

宝贝港孩 My Baby **035**
11、34、41 的诱人魅力 **038**
Parenting 消费指南 **040**
填鸭式课外活动 **042**

迷思四：大业

货币霸权 **047**
一生欠地产商的债 **050**
居室空间如何塑造人？ **054**

迷思五：废品

潮丐犀利哥 **059**
杀校——教育工业的废弃文化 **061**
文化废墟上的城市发展 **064**
iPad 世代的废弃幽灵 **067**

第二部
中产部族
迷思

目 录
Contents

穷忙族——穷得只剩下忙碌 073
穷忙族——忙上瘾的荒凉 077
飞特族爱自由 081
隐蔽的尼特族 083
草莓族与港孩 086
丁克族——不要孩子要猫狗 089
辣奢族最爱名牌 93
99族的烦恼 96
布波族——混种新人类 98
布尔乔亚性格 100
波希米亚文化 102

第三部 港式BoBo迷思

迷思一：知情・识趣

中产知识分子往哪里去了？　109
布波新知识分子论　111
布波族的心灵世界　116
布波管理学　122
消失的空间——大笪地夜市　125
布波式城市规划　129
布波的游乐工作间　131

迷思二：健活・肉身

健康至上的肉身文化　135

有机饮食生活　139
医药工业执政掌权的时代　142
性爱肉身的知性化　146

迷思三：唯美・格调

推销布波格调的 KII　151
布波式旅游凝视　153
当 Leica 遇上 Snapshot　159
家居品味　162
布波 G.O.D.　166
G.O.D. 的 Vintage　169

第一部
港式中产迷思

HongKong
MiddleClass

迷思一

谁是中产？

过往关于中产阶级（middle class）的社会学研究著实不少，不过单就如何界定中产，却是一个富争论性的议题，尤其当我们讨论的是香港的中产阶级时，一般所指的又是哪一阶层的人？

以马克思主义的阶级理论而言，资本主义社会基本上分为资产阶级（bourgeoisie；或称布尔乔亚）和无产阶级（proletariat；亦称为普罗阶级）。在资本主义社会私有制之下，前者拥有生产工具，后者为了维持生计，就只好替资产阶级工作，以劳动力换取生活所需。而资产阶级则不断透过生产过程中对劳工的剥削，以增加剩余价值来获利。故此，资产阶级与无产阶级的生产关系必然具有剥削与对立的属性。

在资产阶级内又可再细分为上层资产阶级（high bourgeoisie），即企业家或资本家；以及小资产阶级，或称"小布尔乔亚"（petite bourgeoisie）。有人会将"小布尔乔亚"算为中产阶级，指的是一班有别于大资本家的"自雇者"或"小老板"。他们以小笔资金创业，可能是开凉茶铺、士多、茶餐厅、杂货铺、时装店的自雇者，也可能是一些雇用少许员工的"中小企"老板。不过亦由于"小布尔乔亚"涵盖的范围较大，自雇者或小老板的教育水平也不一定很高，甚至他们的收入可能也很微薄，因此，亦有不少研究社会阶层的学者，不会将他们界定为中产。

在一般人的心目中，中产是介乎资产阶级和无产阶级之间的中间阶层，有中等收入，在香港被称为"夹心阶层"。意即，他们既不如资产阶级般拥有丰厚财富和资产，又不像低收入基层人士般能享受社会福利保障，却又要负担较高的税项开支。

不过，以收入来为中产下定义其实并非太有用的做法，社会学教授吕大乐认为，不少社会阶级的理论，是将职业和工作性质视为界定中产的理想指标。所谓中产阶级，就是一群在现代资本主义社会里，具有较高学历而担任行政管理及专业工作的雇员，也包括一班拥有文化资本的知识分子、艺术工作者和从事创意产业的文化人。有些学者为了将他们跟称为"小布尔乔亚"的旧中产阶级区别出来，于是将这班现代社会的行政管理及专业人员称为"新中产阶级"。

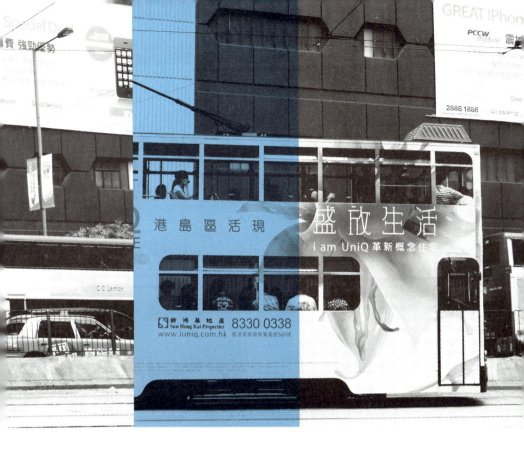

根据杨奇和唐鸣的研究,随着九十年代香港逐渐成为知识型经济社会,于是"智力阶级"成为香港社会内一个新兴的中产阶层。他们界定"智力阶级"为一群具有大专以上学历或者取得专业知识技术,兼有社会正义感的知识分子,主要从事脑力劳动和知识创新的工作。因此,"智力阶级"跟"知识经济"的出现息息相关。

其实,没有一成不变的中产阶级定义,社会阶级的结构乃是随着社会文化和经济发展的变化而转变,而且不同的阶级理论往往亦反过来主导着人们去为社会阶级作出不同的分类和定义。只不过在这一切的变化中,社会分层(social stratification)本身却似乎是恒久不变的事实,而社会分层正是见证着差异和不平等,原来是现实人类社会的本相。

阶级流动

传统封建社会强调分层的阶级观念，而且社会地位是天生世袭的，一旦生下来是贵族阶层，就会一生也无法弃掉贵族的身份；同样，一生下来是奴隶，就会一生为奴，命运生成，任由个人后天如何努力也无法逆转，最终只能认命。

然而，主张公平自由竞争的现代资本主义社会，却一心要颠覆封建社会强调世袭特权的阶级观念，转为鼓吹依靠个人的努力成就，足可以改变自己所属的社会阶层，即由个人努力赚取的成就来决定自己的社会地位。

资本主义社会的阶级流动性和开放性，无疑为人制造更多自主的机会和平等的空间。然而，社会既然缔造了向上流动的机会，自然同时就有向下流动的危机。而且社会地位得来不易，便要设法保住既得的利益，这种社会流动过程中患得患失的不确定性，便加剧了身份的危机感和地位的焦虑感（status anxiety）。

阶级观念从来就是构成自我身份认同或身份危机的决定性因素。因为一切来自功名财富、地位权势、能力才干这类高人一等的成就感觉，都不是自足地单独决定的，我们必然会找一个跟自己社会地位近似的

第一部
港式中产迷思

007

参考群组，也就是一群跟自己背景相似，属于同一阶级的人，在互相比较的情况下所产生的一种心理感受。一般来说，学生不会拿自己的能力和学识跟老师相比，却会由于跟同学比较而有自卑和嫉妒的心理。中产父母通常亦不会将自己的子女跟基层父母的子女互相比较，却会在中产家庭之间比拼谁的子女能入读某所名校。同样，我们也不会将自己的收入、地位、事业上的成就、所住的房子跟富商李嘉诚比较，却会由于跟同辈、同学、同事互相比较而有嫉妒和忧虑的情绪。

由此可见，"近似性"（similarity）是构成社会阶级很重要的元素。属于同一社会阶层的人，除了收入接近之外，更重要的是他们有近似的价值观、生活态度和生活方式，而往往又会以此来互相参考、比较和互相影响，甚至彼此制约。正如哲学家休谟（David Hume）在《人性论》（*A Treatise of Human Nature*）一书写道："造成嫉妒的原因，不是我们与别人之间的巨大差异，而恰恰相反地，是两者之间的近似。"

故此，资本主义社会那种由平等开放的阶级意识主导下的竞争比较，反而较封建社会不平等和封闭的阶级观念所导致的认命和安于现状，可能要背负更大的心理负担和压力，固然这也是所谓文明社会追求进步所要付上的代价。

当开放社会的价值好像从来没有受到质疑的时候，其实不妨反问：开放社会拥有的阶级流动性，一定优胜过传统阶级社会的稳定性吗？一个具有较高社会流动性的开放社会，是否一定比起低流动性的传统阶级社会更能体现社会的平等和公义么？开放一定好过保守吗？平等一定胜于差异吗？成就一定比失败更可取吗？权势能力一定比卑微脆弱更令人钦羡吗？自主必然好过顺服吗？进取必然优于被动吗？竞争一定胜过退让吗？只有自由值得歌颂而认命必然应受诅咒吗？

第一部
港式中产迷思

上流社会

香港在战后很短时间内,便由转口港转型为主力发展制造业的城市,由于制造业需要大量劳动力及不同的人才,再配合经济迅速发展,于是带动整个社会在职业结构上出现明显的变化,亦由此制造了不少社会向上流动的机会,第一代中产阶级便在七八十年代香港的上流(向上流动)社会里冒出头来。

不要忘记,五六十年代的香港仍处于贫穷阶段,大多数七八十年代兴起的中产,都是在物质匮乏的生活中度过其童年时代,相信他们不会忘记昔日一家人住在环境恶劣的木屋区、徙置区或挤在几十呎的唐楼板间房内的艰难岁月,也不会忘掉童年时在家中穿塑胶花做外发工帮补家计的日子。

因此,当一个处处充满机遇、人人有机会往上爬的公平开放的社会经济体系来到的时候,大家都知道更要珍惜这丁载难逢的机遇,不可光坐着"等运到",要努力争取每一个机会,以改写自己的命运。于是人人发奋读书,拼命工作,努力沿着社会阶梯往上爬。"握我手,来为我解苦困,用你的真心爱,帮我学火里凤凰,冲破厄运。今生,共你一起抗拒命运,陪着你一生奋斗,偏不许造物弄人。"甄妮这首《命运》的歌词,反映了上述努力进取的中产资本主义意识形态,同样也体现了第一代中产到今日仍不时怀缅的《狮子山下》精神:"携手踏平崎岖,我哋大家,用艰辛努力写下那不朽香江名句。"

在上流社会处处充满机会的环境底下,固然一方面造就了强调个人努力、奋斗、抗拒命运及积极进取的中产核心价值;但另一方面,毕竟香港的经济成就也是一个充满意外的奇迹。正如学历只有小学程度的李嘉诚能白手兴家,实在也是一个神话,除了他的个人努力之外,无可否认也要靠点天时地利的彩数。

所以香港人心里明白,一方面既要努力读书考试升学,但同时又深信"一命二运三风水,四积阴德五读书"的道理。事实上,香港人既努力工作,同时又爱买六合彩赌波赌马炒楼炒股票,终日造梦盼望一朝发达。许冠杰《鬼马双星》的歌词:"人生如赌博,赢输都冇时定,赢咗得餐笑,输光唔驶兴。"多少反映出香港人那种诉诸命运、相信彩数的赌博精神;事实上,赌徒岂不就是典型的机会主义者么?而香港在金融投资上的经济成就,亦多少拜这种赌徒式机会主义精神所赐。由此可见,香港七八十年代这个曾经充满机遇的开放社会,塑造了一班既努力踏实又有赌徒性格的中产一族。

第一部
港式中产迷思

下流社会

三浦展的畅销书《下流社会：一个新社会阶层的出现》，分析日本自从上世纪九十年代泡沫经济破灭之后，不但大量中产人士的社会地位向下流动，而且年轻一代也陆续加入"下流"的行列，日本变成一个中产阶层逐渐消失的"下流社会"，也就是大前研一提到的"贫富两极化，中产向下流"的"M型社会"。

根据三浦展的定义，"下流"不仅指收入的减少，也包括工作能力、工作热诚、生活能力、消费意欲、人际沟通能力、学习动机等都有向下流动的迹象。换言之，"下流人士"缺乏一种拼搏往上爬及努力累积财富的野心和动力，以致令他们只能置身于中下阶层而已。

九七前香港楼市疯狂上升，出现泡沫经济的现象。自从金融风暴之后，香港经济发展似乎有走下坡的趋势，中产人士经历了负资产的重创，元气大伤，甚至要加入失业大军的行列。而且根据二〇一〇年政府统计处的数字显示，"八十后"年轻人月收入中位数下跌。以二十至二十四岁的年青人为例，他们就算有学历，但月收入中位数却由一九九七年的八千二百元跌至二〇〇八年的七千五百元，而且年青人的失业率亦算高，贫富悬殊问题又持续严重。于是，有不少人担心，香港会否像日本一样出现"下流社会"和"M型社会"的现象？

尤其是经历过香港七八十年代"上流社会"黄金岁月的中产人

士,他们也许对"下流社会"的出现显得有点悲观和忧虑,于是不少人可能会表现出两种态度:或是否认,或是想办法预防和避免。

然而,我们不妨反问,为何总是觉得"下流社会"必然差于"上流社会"?我们对"下流社会"的抗拒,是否反映了我们只是戴着有色眼镜来看问题?为何我们总是喜欢用七八十年代"上流社会"的意识形态和价值观作为衡量"下流社会"好坏的标准呢?

其实三浦展在接受《读卖新闻》记者的访问时也提过,不宜对"下流社会"的好坏作过度简单的价值判断。事实上,他在书里也只是尽量客观地引用大量的调查资料和数据,来剖析和比较上、下流社会之间在消费文化、生活模式、人际关系、性格和价值观各方面的差异而已,而并非有心要为"下流社会"贴上负面的标签。

在三浦展的描述里,日本"下流阶层"的人,无疑工作愈来愈不稳定和收入下降,不过他们在物质生活上其实未必真的很匮乏,他们同样沉迷"ACG"(即动漫电玩),同样追求"3P"(即PC、Pager及PlayStation),同样投入各类消费的生活。

只是,日本"下流人士"一般拥有以下一些特征:较内向或自我封闭、不善沟通和交际、喜欢独处、追求自己的个性和自我主张、我行我素、重视自我实现、较喜欢独身或迟婚、喜欢较自由的工作、喜欢轻松悠闲的生活、朴素、不显眼、颠覆传统、不热衷于追求时尚、不拒绝大众化的饮食文化等。如此说来,"下流人士"的特征和价值观必然较"上流人士"差吗?

老香港的黑白照

旧日生活中的寻常事物，唤起不少战后婴儿潮那一代人的集体回忆。

五月风暴、启德机场、雍雅山房、荔园大象、吕奇、陈宝珠、张圆圆、许冠杰、欢乐今宵、双星报喜、狂潮、上海滩、台风温黛、红白蓝胶袋、公鸡碗、飞机榄、砵仔糕……

至于婴儿潮那代人的中产阶级，经历了金融风暴和负资产的惨痛经历之后，可能更爱回想昔日香港经济奇迹的故事。

由渔港、转口港、制造业（塑胶、制衣、纺织、电子、假发）、山寨厂、积极不干预政策、工厂北移、金融投资（炒楼、炒股票）、鱼翅捞饭、亚洲四小龙……到国际金融中心，自然都成为他们集体回忆的主要素材。

这一代人怀旧的内容，似乎都离不开传统港式的饮食文化、日常生活用品、港式大众文化和经济发展的奇迹。正是这些香港记忆，构成这一代香港人的本土意识和身份认同。

老的、旧的就是好的。老家具、老相机、老照片、老房子、旧街灯、旧电影、旧金曲……对"老"与"旧"的怀念也是美的。

在变幻的新时代，在无情消逝的岁月中，这一代人可能由于不想面对岁月催人老的现实；也可能怀着今非昔比的感慨，毕竟七八十年代的黄金岁月是他们开创的；又或想借着重寻旧日的足迹，在缅怀狮子山下的精神中发出一代不如一代的慨叹。于是他们集体地发思古之幽情,也许是战后婴儿潮共有的情感习作。

怀旧,是影像消费社会一种新兴的潮流,是将香港社会旧日的人情事物,透过美学化的古老与残旧的影像再现眼前。重新制造香港的故事,不但让迈向暮年的战后婴儿作心理补偿式的集体回忆,也可满足年青人所向往的猎奇式感性消费。不过,感性消费的怀旧影像,跟真实历史中有血有肉的生活始终是两回事,因为它最多只是经过美化包装、粉饰再造而富有浪漫情怀的香港传奇而已。

于是,香港人一面继续怀旧,同时却持续地缺乏历史意识,并跟历史传统断裂,而生命亦由于欠缺历史深度的孕育而继续浮浅。

怀旧,并非只留恋过去,也不应只满足于包装旧日的传奇,亦不是简单地复制历史。怀旧,必然是回忆者选择性地对历史片段在相认的过程中进行诠释,而集体怀旧,便是整个诠释群体透过集体回忆,从而建构出他们在当下共同需要的集体意识或核心价值,当然可能也代表了他们对未来的集体想象。固然,在每次当下的回忆中,更应该要意识到必须包含对历史的反省和批判。故此,怀旧必然从当下出发,既与历史相认,又将历史引到当下,甚至导向未来。亦惟有这样,才能兑现如本雅明(Walter Benjamin)所说:"回忆是在一件曾发生的事情当中无限次穿插飞舞的能力。"

惟有透过当下的回忆,使我们重新注目于时间,意识到生命既在时间中发展延续,同时亦在时间中消逝衰亡。虽然一切都是虚空,都是捕风,但传道者说:"上帝造万物,各按其时成为美好,又将永生安置在世人心里。"(《旧约·传道书》3:11)

港式中产

迷思二

婴儿潮与"八十后"的世代战

"八十后"新世代近年成为传媒的焦点和城中热门话题。在各种议题上,他们跟由婴儿潮中产组成的政府官员、建制人士、工商专业对着干,揭起了一场城市文化的游击战。

可惜的是,婴儿潮一代对八十后这一代人的论述,仍然停留在很保守的阶段,仍然喜欢以自己一代的价值观来看八十后的年青族群,于是离不开以"隐闭"、"贪玩"、"放纵"、"沉溺"、"反叛"、"混乱"、"幼稚"、"意志薄弱"、"无上进心"、"好逸恶劳"等话语来概括年轻新世代的特征(其实是"问题"),正因如此偏向地以"问题"的话语来论述他们,婴儿潮对八十后青年的论述,便容易被简化为"问题青年"的论述。

故此,只看见社会上出现了一连串有待解决的"青年问题"——双失的问题、电车男的问题、港女的问题、援交的问题、滥药的问题……仿佛"问题"只发生在年轻一代的身上。就连八十后新世代出来参与社会运动都被看为"有问题",仍难逃被扣上"问题青年"的帽子,今回他们的"问题"却是:太激进、太混乱、太反建制、太反权威、太过阻碍社会经济的发展。

不是说八十后的青年没有问题,只是说如果婴儿潮仍然自以为是,仍然坚持自己那一套是硬道理,可能才是问题症结之所在。正因如此,世代之间便更难互相了解,婴儿潮与八十后便很难相安无事。正如吕大乐所言:"世代之争即将爆发。"其实,自从保卫喜帖街、天星码头、皇后码头,以至于保卫菜园村、反高铁等一连串由八十后担大旗的新社会运动出现之后,表明婴儿潮与八十后的世代战已经展开。

这可算是一场八十后新世代抗衡婴儿潮一代中产的意识形态之战——八十后怀着理想梦想去抗议婴儿潮的务实主义;八十后以投身于政治的热情来嘲讽婴儿潮的政治冷感;八十后以承担社会责任来反对婴儿潮利己的个人主义;八十后以重振本土意识来批判婴儿潮的过度融入一国;八十后以文化保育来抗衡婴儿潮的纯经济发展主义;八十后以保育土地、保卫家园来反抗婴儿潮启动的城市推土机;八十后以多元创意的社会行动来影射婴儿潮僵化的政治体制;八十后以激进和激情来揶揄婴儿潮工具理性的功利和冷漠;八十后以即兴和失序来颠覆婴儿潮过度崇拜计划和秩序;八十后以开拓公共空间的民主自由来抵御婴儿潮的惟我独尊和对建制权威的依附。这场文化世代战,的确已经将社会内的深层次矛盾暴露出来。

诚然,如果将"八十后"简单概括为代表只讲求理想的"后物质文化"的新世代思维,可能同样犯了将事情简化和以偏概全的毛病。

第一部
港式中产迷思

只问成就

明爱机构委托理工大学于二〇〇九年至二〇一〇年期间所做的有关中产阶层的调查，指出不少中产人士均对前路感到迷惘，逾七成受访者更对下一代能否维持中产地位显得悲观。然而，为何保持中产地位显得如此重要？也许对不少人来说，能够拥有中产的身份地位，就是成功的指标。

在不少香港人心目中，一个人的社会地位乃取决于他的经济状况。事实上，我们的社会，总喜欢以某人的收入数字及其拥有的财富总值，当然包括具体可见的物业资产，作为代表中产地位的符号，有钱人就是成功人士的身份象征，财富乃是衡量个人成就的重要指标。

努力工作自然就是赚取财富的重要途径，难怪中产人士会将事业和工作放在人生首位，只要事业有成，就等于拥有了成功的人生，一生工作的业绩，成为个人成就的指标，为工作的成就而生，亦为事业的成就而死。如此工作至上的人生，自然亦承受了不少来自工作有形和无形的压力。故此，不难理解为何上述的调查结果，反映了普遍的中产受访者认为工作是最大的压力来源。

在充满竞争的工作环境和职场世界里，看重的必然是有多少的生产力。因此，若要事业有成，要成功地争取到业绩，就自然要讲能力和表现。最好还加上一点"蛊惑"和"醒目"，懂得"走精面"，便有机会水到渠成，甚至为求成功，可以不择手段。故此，在这个汰弱留强的森林律则支配底下，社会上的成功宝座，只会留给有能者居之。

要成功，除了讲能力之外，当然还要讲学历，高学历几乎是事业成功的先决条件，仿佛一旦不能进入大学门槛，此生就好像注定跟成功无缘，于是能进入名校，能升读大学，就是成功学生的典范。不过，现今的香港社会，整体人口的学历水平升高，令高学历不再必然成为中产的竞争优势，加上政府引入外地专才的优才计划，要成功就只好终生学习，不断争取更高的学历来加强自己竞争的能力。

一直以来，也许不少中产人士，正是以上述这种单一的成功指标来界定人生的意义。至于我们的中产信徒，可能也是如此地按照社会大众所建构的成功指标来经营人生，甚至以这些指标来建构我们的成功神学，来经营和扩展我们心目中所谓"成功"的香港教会。

于是，我们逐渐以出席聚会的人数、建筑物的大小、活动事工的数目、金钱奉献的数字、设备的质素来衡量教会增长的成绩；人才济济、财雄势大、资源丰富、优质服务的大型教会，在"宗教消费市场"上自然拥有更大的吸引力；教会文化也愈来愈重视品牌，信徒只会一窝蜂追捧名嘴讲员；若要成为信徒心目中成功的传道人，学位、能力、业绩、社交技巧可能比品格、灵性和

事奉心态更重要;教会内高学历、具有社会地位的专业人士,往往比基层人士似乎更受尊敬和重用。总之,荣耀神学比十架神学、成功神学比软弱神学在教会内更大派用场。

据闻,亚历山大大帝途经哥林多(Corinth)时,特意拜访哲学家第欧根尼(Diogenes),却发现他衣衫褴褛,身无财物。当时傲视全世界的亚历山大大帝问第欧根尼:"有什么可以帮助你?"这位哲学家却回答说:"可以的,请你往旁边移过一点,因你挡住了阳光。"周围的士兵都捏了一把冷汗,只怕性情暴躁的亚历山大大帝会立刻发脾气。然而,亚历山大只微微一笑,表示自己如果不是亚历山大,便希望能够成为第欧根尼。

当门徒以成功神学的心态问耶稣:"天国里谁是最大的?"耶稣却回答说:"凡自己谦卑像这小孩子的,他在天国里就是最大的。"(参《马太福音》18:1、4)

实际最紧要

香港的中产人士，一般都投放相当多时间和精力在学业上，不过他们多数自小已经培养"读书只是求分数、求学位"的求学态度。有多少人只会为做学问而做学问，只为得着智慧而渴慕智慧？即是说，有多少人只会关心学问和知识本身的内在价值（intrinsic value）？对大部分人来说，读书只是手段，赚钱或事业前途才是目的，才是读书的外在价值（extrinsic value），恰好它们也正是使读书变得"有用"的缘由。

然而，这些外在价值往往却是资本主义社会自由经济体系所决定的市场价值，于是"有市场"的知识或"有市场"的技术就有价值、就"有用"。这种功利和实效的求学态度，代代相传，愈来愈使知识和技术仅变成实用的经济资本，却不是文化资本。

文化，除非能够同时变成一盘生意，否则便有可能因为不具市场经济价值而被束之高阁。文学、艺术、哲学，有何实用价值？事实上，最畅销的通常就是那些具实用性题材和内容的书籍，而不是亚里士多德的《形而上学》。

读书如是，中产父母为孩子们安排得密密麻麻的课外活动亦如是。参加所有文娱艺术活动或课程，最重要的目的也许是帮助子女升学或入名校，至于能否提高子女对艺术本身的兴趣、欣赏能力及美感，尚属其次。

实用主义，如此轻易地淘空了生命中不少事物的内在价值！

第一部
港式中产迷思

亦可能不知不觉地已逐步淘空了生命深层的内在质素！

诚然，务实的效益主义未必一定成问题，甚至必须承认有其存在的现实性和合理性。借用社会学家里茨尔（George Ritzer）提出的"社会的麦当劳化"（the McDonaldization of society）的观念，"麦当劳化"所体现的那种强调目标导向的效益主义，似乎是现代资本主义社会发展的必然结果。而且这种以目标为本、以效益为核心的麦当劳化的长臂，亦已伸展到社会生活中的各个领域、各个层面，可谓无孔不入，务实的效益主义现实地已处于强势的局面。

然而，里茨尔提醒我们，这种强调业绩、效益的合理化却有其不合理的地方，他引用韦伯（Max Weber）的"合理性的铁笼"（the iron cage of rationality）观念，指出人在诸如麦当劳这类以形式理性运作及遵循效益主义的架构体制之中，就好像被囚禁在铁笼一样，不但失去自由，还使他们的基本人性遭到否定。因此，这种强调理性计算实用效益的"麦当劳化"的社会现象，反映的可能是存在着一种非人性化的不合理性。

崇拜专业主义

顾名思义，专业主义（professionalism）必然跟事业或职业有关，不过它们一定不是人人都有能力做得来的一般服务或工作，而是指专门的职业或任务，如医生、律师、工程师、会计师、营养师、测量师等。专业是现代社会精细分工的产物，强调职务界别，界限分明，既会划界自限，也会限制异己的越界，因此具有一定的排他性。至于精细分工的结果，自然也有助提高服务或工作的效率和质素，亦反映了一定程度的以任务为本（task-oriented）的效益主义精神。

专业的特性，就是专业工作者需要接受跟该行业直接相关的专门知识、技术或才能的训练。因此，专业人士一般都拥有较高学历，且非常强调专业知识的重要性，再加上香港已经进入一个所谓知识型经济社会，"知识就是力量"已经成为他们人生的核心价值，知识、学历和才干比其他事情更重要，因为它们是衡量和维护专业身份的重要指标。

当然，这些专门的知识和技能，必然要符合相应的专业社群或组织所制定的一套业内共同认可或接纳的高层次的标准，并借此来评定工作者的专业资格，亦由此确保专业社群集体的声望、地位、利益和权威性。由此看来，专业主义的文化和体制，似乎蕴含精英主义的色彩，亦具有一定程度的排他性，其目的乃在于排除一些非技术性而不具专业资格的人，以便在人力市场上建立一套执业的独占和垄断权。于是，专业人士可算是社会上的精英，是代表有知识、有才能、在社会上受人尊重的一个强势社群。

当然，有权利同时就应该有义务和责任，因此，专业社群或组织亦会为自己制定一套专业工作者应该要履行的专业伦理守则，以防业内的害群之马有损服务的质量，以致最终损害专业在社会上尊贵的形象，于是凡有人违背专业伦理应有的操守，就会受到惩处或甚至被取消专业资格。

专业人士在香港不但具有较高的社会地位，连带在教会内也可能是较被重视和较有地位的强势群体。事实上，不少中产教会内的信徒领袖（如长老、执事、部长、导师等），皆由中产专业人士担任，由此反映出教会的用人标准是否跟俗世社会的分别不大呢？原来都是以知识才干作为衡量标准，那些权重的高位也是让有能者居之，而并不一定优先考虑事奉者对上帝的忠心、委身和属灵生命的深度。由此可见，专业主义也可能会为教会带来某程度上精英主导和成功导向的文化，这似乎在假设：若要教会发展顺利和运作成功，就必须倚靠在社会上的成功专业人士来主导。那些知识才干较少和教育程序较低的基层人士，就算拥有更好的品格，也只能成为教会内的弱势社群，只好顺服中产专业信徒的强势领导。

然而，无论专业主义的意识形态和工作文化，以及中产阶级的思维、价值观和生活方式，毕竟都跟基层存在很大的差别。虽然信仰强调教会内的不同肢体要在基督里同归于一，可惜现实上那根深蒂固的专业主义和中产文化的思维，只会不断强化和凸显阶级之间的差异和张力，甚至容易令弱势基层承受心理上的压力和产生自卑感，影响彼此之间的关系和交往，令不少基层信徒始终不容易融入中产教会，最后就只好仍然中产专业归中产，基层

第一部
港式中产迷思

031

归基层,继续"各从其类"。

专业人士不但认为在工作上需要专业的知识和技能,就算日常生活的各个范畴,甚至休闲生活和教会生活也不能例外,都要把它们变得专业化。不少具有专业背景的中产信徒,逐渐将教会的不同职事也看为一种专业,教会内各种宣讲、教导和牧养的事工愈来愈要求知识化和专业化,儿童事工如是,青少年事工如是,家庭或夫妇事工如是。他们也愈来愈要求教会的传道人和牧者,须接受各式各样正规的专业训练,以致能提供具专业水准的优质服务。在专业主义的主导底下,传道人也不能不把自己的牧职视为一份专业工作。

卢云(Henri J. M. Nouwen)在其《建立生命的职事》(Creative Ministry)一书中,对牧养职事和专业主义的关系有如下的反省:"凌驾于专业训练之上的,究竟还有甚么?牧职事奉是否只是众多助人解困的行业之一而已?"卢云想指出,我们正处于一个专业主义与属灵操练失衡和割裂的年代。面对这种危机,他提醒我们，传道人的事奉，其实是一种既建立自己生命，也建立别人生命的职事，牧养职事不能跟牧者的属灵生命脱节，本质上它不是一份专业工作，而是一种生命的见证，是一种从内在生命流露出来的生活方式，耶稣并非呼召门徒做好一份专业工作，牧职事奉也不应只是众多助人解困的专业之一。

相信没有人反对，牧者需要不断装备自己，亦没有人会否定神学知识、牧养技巧或教会行政各种专业训练的重要性。然而，牧养职事又绝对不仅是以知识技术为本的专业那么简单，它更是上帝给我们的召命。当专业主义强调一套以程序或任务为本的务实文化的时候，牧养职事却要求牧者必须以人为本，人的生命始终比工作的程序和效益更重要。当专业主义愈来愈含有精英主义的味道，愈来愈展示成功神学的时候，牧养职事却提醒牧者，他们只是天天背起自己的十字架跟从主，被主呼召的忠心仆人和门徒而已。

港式中产

迷思三

宝贝港孩 My Baby

电影《天生不是宝贝》(Precious),不但揭示了美国一向自视为文明进步、尊重人权、鼓吹平等的经济强国相反的另一阴暗面,更暴露了隐藏在纽约这类繁荣大都会里无数的问题和家庭悲剧。

在一个吹嘘美白瘦身的消费社会里,电影中十六岁黑人女主角的极端肥胖和貌丑,本来已足够将她打落十八层地狱。更何况要长期承受来自父母亲的各种家庭暴力的惨痛虐待,不难想象她的自我形象一定十分低落,不但天生不是宝贝,简直就自认为是社会和家庭的废弃物。

一个表面上崇拜身体、实质上是将人的身体贬低为感性消费对象或物欲对象的社会,似乎外表风光的身体,其实已沦为商品或工具,甚至换来的是生命尊严的丧失!可惜的是,这种电影世界里虚构的情节,却可能是现实世界里每天发生的真实悲情故事,而且不但在美国上演,在香港,天生不是宝贝的真人秀,或者天天都在演出。

当然,有另外一场不同的戏码——"天生就是宝贝",亦在纽约、香港这类繁华都市里同期天天上演,也许不少香港中产家庭里的孩子,最能演活这个角色和故事。

香港的中产孩子,衣食无忧,甚至有些宝贝自小便吃尽佳肴美食,也许由于吸取了过量的营养,因此拥有肥胖身躯也不足为奇。不过亦由于现代的中产父母,不少俨然以营养专家自居,自然不会轻忽子女的健康状况，于是仅几岁的孩童，就已被要求只可吃高钙低脂、高纤维低胆固醇的食物。而且就算真的肥胖，也绝对不会像上述电影女主角般肥得丑陋，只要透过贵价名牌服饰的装扮，中产宝贝必然被打造成最潮的型孩，或如王子公主般高贵和优雅。

　　说到底，在中产父母的心目中，宝贝所拥有的身体是"尊贵"的，于是务必要将最好的献上。然而，父母对子女身体的爱，也许只是将爱符号化为具体之消费物，而换来一种使自我感觉良好的心理回报而已。怪不得鲍曼（Zygmunt Bauman）如此说："在我们的时代，子女主要是情感消费的对象。"

　　可惜我们这些天生就是宝贝、外表可爱的小王子小公主，不少同时却是盛气凌人的小霸王或专搞破坏的小魔怪。因为自出娘

胎,就有菲佣印佣侍候在侧,可供他们指指点点,呼之则来,挥之则去。所有用完的用具或玩具,无需自己负责,佣人自会善后,甚至翻天覆地,将全屋倒转过来,也有佣人收拾残局,不用自己费神。随时随地,事无大小,都有仆人为这些小主人打点一切,甚至饭来只需张口,自小娇生惯养,除了擅下达命令之外,就连最基本的自理能力也从未学懂。这又是谁的责任?

孩子大过天,可能不少身为父母的中产信徒也会默认。幸亏耶稣没有如此说过:"你们不能又事奉上帝,又事奉宝贝孩儿。"否则就难为了多少父母,不知如何抉择。然而,耶稣又曾的确这样说:"凡为我的名撇下……儿女……的,必要得着百倍,并且承受永生。"(《马太福音》19:29)

11、34、41的诱人魅力

11、34、41，显然不是诱人的女性三围数字，不诱人，因为达不到大众文化建构的标准。

谁说重视数字就只是量化的表现？谁说香港只是一个重量不重质的麦当劳化社会？在香港，某些数字正好就是符合优质标准的象征，也公认是成功神话的符码。对草根阶层而言，可能还以为11、34、41只是有望发达的六合彩编号，焉知它们原来是不少中产父母朝思暮想的首选"优质"校网，却是草根父母竭尽所能也无法高攀的数字。其实哪个父母不想孩子接受优质的教育？但为何我们总是相信只有名校或国际学校才是"优质"的保证？为何这些"优质教育"对天水围的公屋孩子总是有点遥不可及？就此而言，谁说香港真的是一个人人有机会公平竞争的社会？

香港的小学派位，采取的是跟居住地区挂钩的方式，至于中学派位，学生所属的中学校网，并非直接跟居住地区挂钩，而是由就读小学的地区决定。由于这种小学校网决定中学校网的派位方式，于是入小学前的居住地区，其实早已间接决定了日后能否入读心仪的"优质"中学。当然跨区"叩门"，可以是另一选择或解决方法。对不少善于精心计算、计划未来的中产父母来说，深明若要子女最终"学业有成"，就必然要早于小学派位这条起跑线上开始部署的道理。

为了赢得这条"优质教育"马拉松的起跑线，一群用心良苦的中产家长,自然择优质校网而居。故此,位于"11校网"的西半山区、位于"34校网"的何文田及土瓜湾区和位于"41校网"的九龙塘等名校区的住宅,自然成为不少家长心仪的对象。就以二〇一〇年推出地产市场,平均呎价达二万多元,位于"41校网"九龙塘的豪宅"尚御"(Meridian Hill)为例,其广告正用上这样的字眼:"坐拥全港最优质名校网,势成区内豪宅新指标。"归根究底,原来香港的所谓"优质教育",毕竟还是要跟主宰本港经济命脉的房地产市场结盟。亦再次证明,尽管香港的教育制度被批评得体无完肤,但对中产阶级来说,能够倚靠个人能力,并且可以用钱解决的问题,还不算是大问题。

可惜的是,以前"十年树木、百年树人"这种建基于时间观的教育理想,随著香港人共同追捧名校网的努力,原来已经逐渐被空间化。因为我们心目中的"优质教育",竟然到头来只是由某几个具有经济优势的社区空间所占据。

而且这种空间化的"优质教育",无可避免具有强烈的竞争性和排他性。事实上,这恰好是空间的特征,因为从来没有两个人或两个存在物能够同时占有同一空间,换言之,当我占有此一空间时,即意味着已为此空间定了界限,以防止他者闯进。因此,这种空间上的占有感,自然会同时表现出一种跟他者的竞争性和对他者的排他性了。

伴随着追捧名校网的教育空间化而来的,最怕就是教育愈来愈商品化,而最终教育出来的人,就只懂得为经济发展服务而已。

数字就算不是量化的工具,不过它仍然成功地发挥着使事物标准化或同质化的功能。

Parenting 消费指南

以中产读者为定位的《星岛日报》，在二〇一〇年初出版了一本名为《亲子王》(Smart Parents)的刊物。顾名思义，若自认是精明醒目的"至叻"父母，就应该阅读这本杂志，刊物的名字甚至暗示它是王者之选，地产界有"地产大王"，补习界有"补习天王"，精于教仔的自然也有"亲子王"。事实上，创刊号面世之前，已连日来用全版广告声称自己是"全城最强亲子育才天书"，单从名称和广告字眼，就可看出它跟城中众多这类育才天书一样，背后推销的又是那套在激烈竞争中如何追求卓越与胜利的成功哲学。只要翻阅创刊号分析一下，就可看到它如何反映了不少时下香港中产父母这套核心价值与思维。

创刊号的封面及主题文章，就以著名艺人为女儿考入"女拔"所展开的学位争夺战故事，以及独家专访"女拔"校长，透露考入学试的十大窍门作打头阵。由此可见，这本育才天书的定位已露端倪，似乎暗示父母的最大成就，便是在激烈的竞争中让子女成功入读名校，毕竟亲子之道，最终还是以学业有成为首要目标。

若要成功入读名校，当然还要具备其他配套。由于能够入住名校网的居所是成功的先决条件，所以在这本"天书"内出现名校网的地产广告绝不希奇。至于各种有助学业成绩的能力训练，如专注力、记忆力、面试能力、阅读能力、英语、普通话、写作、奥数、补习等课程；以及音乐、舞蹈、绘画、体育、社交、外展历奇这类有助于争夺名校学位的兴趣班的广告，自然也必不可少。尽管广告吹嘘"智潮父母"，读此杂志，就能"轻松育才"，但若真的跟随杂志内文实践，则父母殊不轻松。不过最可惜的，还是再一次感受到中产港孩为了满足父母的期望，无法不去承受那生命中不能承受的重！

这本亲子刊物亦看准了中产父母特别关心宝贝孩子身心健康的心态，于是除了刊登一些健康食品的广告，以及请来一些医护人员或营养专家分享这方面的心得之外，也邀请专家撰写儿童性格和教仔方法这类大众心理学的简短文章，以此满足一般中产父母读者的口味和需求。当然还少不了会介绍一些亲子吃喝玩乐活动的消费资讯。由此可见，这本"全城最强的育才天书"，其实只是另一本想打入经济市场的亲子消费杂志而已。

以上的分析，有谁不知？因此可能会被批评为只是老生常谈，了无新意。事实上，不少父母口里亦经常埋怨香港学习环境竞争太大，读书压力太重。但奇怪的是，他们却仍旧明知故犯，仍旧要催孩子成为尖子。因为大家都明白竞争社会里"成王败寇"的后果，既然人在江湖，便要继续参与这个现实的游戏，到头来便更加巩固这种主流意识。故此，相信这类消费杂志仍有市场，因为鼓吹迎合市场的消费主义，就是塑造群众的共同口味和强化主流意识最有效的工具。

至于不想跟现实妥协的人，就只会被主流意识边缘化，愈来愈感到孤掌难鸣。可是，我们的社会其实更需要聆听这些"分别出来"的声音。

填鸭式课外活动

多少港孩，经过一天填鸭式课程的学习后，马上便要参加各种填鸭式课外活动，当然更不会放过周末和暑假等黄金档期。

根据二〇一一年四月十一日《都市日报》的报导，"香港中华厂商联会专业人士小组"早前曾访问一千九百一十二名小四至小六学生，结果显示百分之四十五点八受访学生参加四至六项课外活动，参与七项以上的学生占百分之二十二点六；百分之五十点三受访者的父母，每月更花近六千至一万元在一名子女的课外活动上，花费过万元的亦约占百分之二十，望子成龙的父母，可谓不惜工本，也要培育下一代成为"万花童"。调查亦显示，接近百分之八十的学生每天在参加完课外活动后，仅余下不足两小时的私人时间。其实过多的课外活动，也会影响亲子关系，调查发现逾百分之六十的学生只会偶尔与父母倾谈，遇上困难时更只有百分之十点七的小孩会向父母求助。

那怕这些填鸭式课外活动会"玩死"我们的港孩，最重要的还是能够为他们度身定造一张"见得人"的Portfolio（成绩单）。在人人都赶着要增值的年代里，还在念小一的孩子，他们的Portfolio已经印下了钢琴和芭蕾舞考试的骄人成绩。孩子手中的Portfolio，就像是一张人有我有的"八达通"，若要畅通无阻地入闸，每隔若干时候就要增值。而且人卡不认人，一张一张记录了大同小异的"成就"和"业绩"的Portfolio，却可能掩盖了每个孩子独特率真的气质和天真可爱的面容。

在成人的世界里，工作、成就、业绩往往是生命中最重要的事情。可惜成人们已将孩童的课外活动和游戏也变成讲求成绩的"劳动"。如此，课外活动，只是学校填鸭式课程的延续，同样以增值为目标，同样奉行"多就是好"和"好大喜功"的"大有为"原则。

"为学日益，为道日损。"老子推崇无惧减损、小就是美、无需执著、顺其自然的"无为"智慧。试问，当填鸭式课外活动遇上老子的"无为而治"，能否有望告别"大有为"的增值文化？

昔日，在屋村长大的穷孩子，他们的课余消遣可能就是最符合老子顺其自然的无为哲学。由于大人终日只顾为口奔驰，何来时间和心力对孩子的课外活动苦心思量，作出干预。于是游戏和兴趣都是小孩自己兴之所至，随心而作，只会顺手拈来，而且都是寓于日常生活当中。虽然没有现代化的主题公园，但就近的屋村走廊和空地随时都变成他们消磨大半天的游乐场。只要三五成群，就有游戏可玩：猜皇帝、捉迷藏、跳飞机、射水枪、抛豆袋……在物质相对匮乏的年代，很多游戏正是就地取材，反而更考创意，又何用煞有介事地参加甚么创意培训班。若想玩得刺激一点，大可成群结队，上山下海，经历冒险旅程，何用参加什么外展课程或野外历奇训练。其实，在这些日常的集体游戏和群体生活中，就自然学会与人相处和自我生存之道，又何用报读什么改善人际关系和社交技巧的训练课程。

今天，港孩所参加的课外活动，无论场地和内容，大多数都经过专人和专业设计，基本上都具有一定的组织化、程序化和功能性，背后或许都有一大套专业理论来支持，不过因此却可能令家长过度地迷信专业，以为只要将孩子"外判"给兴趣班的导师就行，反而漠视了日常生活才是培育孩子生命成长的重要场所和资源。

事实上，"游戏"（play）的本义，乃是指一些漫无目的、强调即兴、创作、想象、随意而带有戏耍性质的自由活动。因此，愈少干预、愈自由、愈能顺其自然、愈不执著于实用和功利心态就愈好。也许，这种"游戏人间"的日常生活实践，更有助于发展孩子多元智能的人格。然而，今天填鸭式的课外活动，已把游戏和兴趣变成一些煞有介事的"作业"，一项长期作战的"工程"，甚至是一种机关算尽的"谋略"！

第一部
港式中产迷思

045

港式中产

迷思四

货币霸权

"一个人不能事奉两个主……你们不能又事奉上帝,又事奉玛门。"(《马太福音》6:24)

自从八十年代以后,香港锐意要发展成为国际金融中心,在政府经济发展政策的带领下,香港人长时间将精力过度集中在炒卖房地产、股票基金及其他金融投资的经济活动之上。而事实上,由八十年代至九七前的一段日子里,香港人一同经历了香港最富裕的年代。

不过亦正因如此,"刺激经济、搵钱至上"可说已经成为香港人的主流论述和共识。当中国政府、全世界、甚至香港自己都几乎一面倒地以经济发展论述来建构香港的存在价值的时候,表现出的是一种含有排他和压制性格的强势资本主义的意识形态。正如龙应台所言,以追求个人财富这样的资本主义运作逻辑建构成的"中环价值",已经垄断了香港核心价值的话语权,俨然成为香港惟一要坚持的价值。

尤其是婴儿潮一代的中产人士,更成为香港经济成果的直接受惠者,上述的强势资本主义的意识形态,更成为他们根深蒂固的核心价值。如此说来,试问在这样的主流意识潜移默化底下成长的中产基督徒,面对耶稣提出事奉上帝不事奉玛门的挑战时,最终会否忧虑更大、困扰更深?

对现代社会的中产信徒来说,如果玛门所代表的并非只是

金钱那么简单,而是代表了一种强势资本主义意识形态的世俗宗教的话,如此说来,中产信徒真的可以不膜拜、不事奉玛门吗?真的可以抗衡资本主义所蕴含的意识形态和价值观的强势操控吗?在"惟独玛门"的社会氛围底下,如何实践"惟独基督"的信仰?

细察圣经经文,原来耶稣告诉我们,在事奉上帝和事奉玛门之间,其实不是自由意志的抉择,亦不是一种资本主义式如何赚

取两者兼得这种最大利益的计算,更不是一种只求自己"著数"的交易,而是放下自我,惟独顺服来自耶稣的命令和吩咐。正如当那位满有成就的少年财主来问耶稣,如何靠个人行善的能力而赚取永生的时候,耶稣却吩咐他变卖所有来跟从他,可惜的是,他终于以自由意志的抉择代替了遵行耶稣的吩咐(《马太福音》19:21)。

由此可见,福音并非由自我意志的自由抉择来成就的,它只可能是按照上帝的自由旨意无条件送给我们的恩典,我们只应谦卑地接受,正如天父养活飞鸟的恩典一样。

固然,这福音绝不是"只讲著数"的廉价恩典,因为基督的恩典是他用自己生命的重价成就的,作主的门徒效法基督背负十字架跟随他也是理所当然的事。故此,耶稣讲完上帝会供应肉身需要的恩典之后,随即对门徒说:"你们要先求他的国和他的义。"(《马太福音》6:33)毕竟"天国的福音",乃是要求我们必须全然委身顺服于这位天国的君王,我们只能在委身顺服中"求他的国和他的义",甚至甘心为义受逼迫,亦在所不计。

不过耶稣又曾经保证:为义受逼迫的人是有福的(《马太福音》5:10)。

一生欠地产商的债

明爱机构专门服务中产人士的"再晴计划",委托香港理工大学应用社会科学系社会政策研究中心,于二〇〇九年十一月至二〇一〇年二月期间,针对中产阶层面对的问题及需求作出调查。报告指,中产人士其中最关注的一项是楼价问题,甚至因供楼而令他们感到压力和忧虑。事实上,就连元朗区的楼宇呎价也升至七八千元的水平,中产人士又岂能不感到艰难!仿佛一生就是欠地产商的债!

毫无疑问,香港的楼市向来跟政府的土地供应政策有关。中英联合声明规定,殖民地政府在九七前每年卖地不可以超过五十公顷,变相不可以按自由经济市场供求原则来卖地,在求过于供的情况下,楼价于一九八四年至一九九七年间升了十数倍。楼价的升值,一方面固然令政府通过庞大的卖地收益而增加财政收入;另一方面,地产商亦自然赚了大钱,垄断了香港的经济市场。为了确保楼市不断升温,于是继续诱发市民一起炒卖,推高楼价。九七之后,炒楼风气,继续有增无减。

对私人楼宇市场需求最大的往往又是中产阶层,于是每逢遇到楼价飚升、置业困难的时候,中产人士便会经常埋怨、甚至大声疾呼:"中产好苦,中产最痛。"于是,社会舆论便会纷纷出笼,为中产阶级抱不平,将矛头直指内地炒家和地产商,甚至向政府施压,指责政府跟地产商官商勾结。同时也有不少专家学者纷纷出来向政府献策,建议政府如何改善土地供应量;如何为中产提供各种置业的帮助;如何重新检讨居屋政策,以纾缓中产置业的问题。

诚然,中产人士供楼的苦况是有目共睹的,社会舆论的批评亦有道理,专家学者的意见也非常有参考价值。然而,当中产人士终日只会怨天尤人的时候,究竟有没有怨过自己?有没有扪心自问,自己可能也是造成今天香港楼价飙升的元凶之一?试问,倘若有钱的中产人士,不会为了不断要改善家居生活质素而经常搬屋换楼,或者不打算为了安排子女入名校而携手推高名校区的楼价,又或拒绝加入地产投机市场参与炒卖图利的活动,则香港的楼市会否发展得如此疯狂和不合理?

当然,在经济能力许可的情况之下,想要改善家居生活质素这一种想法完全没有问题。然而,为何改善家居生活质素,要跟转换愈来愈大的单位面积、拥有豪华高尚享受的会所设施、具有高贵的室内装修和坐拥天价的豪宅扯上必然的关系?为何中产人士一定要住贵价的豪宅?为何中产市民必然一生要欠地产商的债?当律师和医生终日埋怨自己的收入都不够供楼时,为何不考虑入住旧区的平价楼房?为何不能将旧区的唐楼,装饰成有品味的家居设计?其实,家居的生活质素,最重要是在乎有没有真正的"家"的感觉,有没有优质的生活方式和生活态度,甚至有没有充满美感的生活美学。而这一切,最终似乎还是关乎那住在家里的人的生命质素。

第一部
港式中产迷思

居室空间如何塑造人？

五六十年代，香港经济仍未起飞，能够住唐楼和拥有私人物业的人，一般经济条件已算不错，但尚未能富裕至可以经常置业换楼，于是往往一住就住上多年。至于当时大部分较穷困的香港人，则只能租住徙置区，甚至寮屋，能够有屋住已算万幸，更遑论可以随便换楼改善家居生活，当然迫迁就是例外。

居所空间其实不断在塑造及反映着人的生活方式和习性。房屋内的家居建筑空间，跟居住于其中的家庭成员之间的伦理关系息息相关。换言之，家居建筑的空间结构和几何学上的空间关系，某程度上影响着家庭成员之间的人际关系，甚至塑造着家居成员间的家庭观念；至于城市或社区内的住宅建筑空间，则可看出居住空间如何建构着社区空间，如何影响着邻舍之间的社区关系，以及如何塑造着社区文化的精神面貌。

在居住徙置区和H型公屋的年代，一家人挤迫在一个狭小的空间里，四五个家庭成员只能共睡一张碌架床。不但没有任何私人的空间，甚至要跟邻舍共用公众的厨房、浴室和厕所，最多只能满足个人最必须和最基本的私隐需要。昔日，在这么高密度和低私隐度的居室空间里，固然家人之间和邻舍之间会经常发生磨擦和冲突。不过回想起来，当时那细小而开放的蜗居，以及那连系着数十户的长走廊和楼下空地的公共空间，正好帮助我们体现中国人传统团结一致的家庭观念，以及孕育我们那种"远亲不如近邻"的互爱互助和互相守望的邻里精神。

今天,父母和孩子各有自己的睡房和工作室,强调要保持各自的私人空间,并要互相尊重彼此的私隐。父母和孩子可以一整天各自关上房门,摇身一变而成为隐闭青年或御宅一族,将自己禁闭在细小的密室里,却往无限的电子虚拟空间里驰骋漫游。虽然居室空间的面积扩大了,私隐度也提高了,但一家人的心灵可能却是各自密封和紧闭着,反而可能加深了彼此心理和情感上的距离。由此可见,现代家居空间的结构和装置设计,表现的正是强调现代个人主义的价值观,多于传统的家庭观念。

香港居室建筑空间的转变,归根究底与这个城市的经济发展有关。由于政府长期以一种貌似真理的言论,去说服我们相信香港地少人多,土地是珍贵的资源。于是,政府便能将高地价政策和高密度的房屋发展政策合理化,不断与地产商进行"空间的生产"(production of space),令空间自身成为一种经济活动及经济产物,成功使"珍贵"的土地变成"真贵"的房屋。

然后,地产商透过广告修辞学的威力,诱导香港市民相信,美满幸福的家庭,总是由拥有五星级的享受以及舒适宽敞空间的豪宅开始,透过塑造乌托邦式家居空间想象来挑动我们对空间的欲求。因此,现代家庭的观念,可能需要重新以空间生产的经济学来定义。在经济学的意义下,居住者不断意欲要生产空间、扩张空间,使空间增值,于是家庭成员要努力经营的,可能是居所空间的经济效益,多于家庭成员之间的伦理关系,而将要结婚的男女恋人,首先关心的可能不是婚姻关系本身,而是能否置业和如何供楼的问题。

当居住空间变成一种随时可供买卖的商品的时候,居所自然便会跟随社会的经济环境和地产市场的经济规律之起落变化而进行交易。由于居住空间可以随时易手,于是居住在其中的人,便习惯了经常在一种居室既属于又不完全属于自己的无根经验里生活。居室空间不是长久固定的，居住的经验自然是经常迁徙流动和游离的。

在生产空间的经济学意义下，现代的家居空间亦变得愈来愈私有化。但居所空间的私有化，同时亦带来对私有产权和个人私隐权的愈加重视和保护，于是现代的私人住宅几乎家家户户都重门深锁，对居所的保安措施和设计自然具有特别严格的要求，由此亦加深了社区的围墙，以及强化了邻舍之间的隔膜，或许大家能够听到邻舍猫犬之声，但却真的有可能"民至老死不相往来"，最终社区空间内只会生产出更多冷漠的陌生客。或许，当关系到

共同利益时，大家才会走在一起结成联盟，利益或功能一旦满足了，关系就可随时中断，邻舍之间的联系，似乎只能建立在某种功能性的利害关系之上。当然，现代人经常迁徙流动的居住经验，亦成为邻舍关系淡薄和疏离的原因。

早于创世的时候，上帝本来安置始祖在空间广阔的伊甸园里安居乐业，落地生根，居室空间虽大，却无损亚当夏娃的亲密关系。可惜后来由于始祖犯罪，被逐出伊甸乐园，从此在外漂泊游离，四海为家。但无论亚伯拉罕、摩西抑或以色列人，他们所过的流离飘荡的客旅生活，难道又只有咒诅，而没有上帝的祝福么？

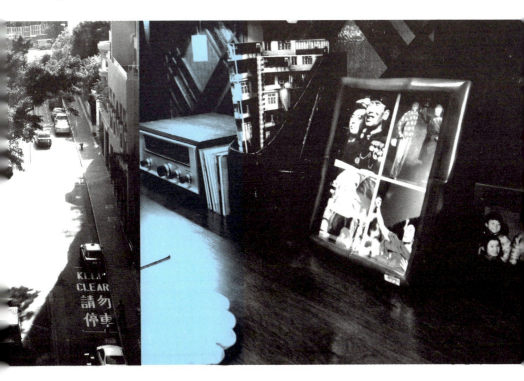

港式中产

迷思五

潮丐犀利哥

在过度强调生产、发展和竞争的现代社会里,"进步"、"成功"和"有用"自然成为社会中、上阶层特别拥抱和维护的核心价值。然而,当社会愈是拥护这些价值的时候,就愈可能意味着对"退步"、"失败"、"无用"的无法忍受和鄙弃。当米开朗基罗(Michelangelo)曾被人问及如何能够成功地创造出优美的雕塑时,他如此回答:"只要取来一块石头,然后去掉多余的部分就可以了。"如果创作就是去掉多余无用的废弃物,生产便是一个制造即将要扔掉的废弃物之过程。从这角度来看,拥护上述核心价值的现代社会,可能同时也在不断制造着废弃的文化。

致力于批判"现代性"的社会学家鲍曼(Zygmunt Bauman),正是帮助我们从"废弃"的角度去拆解"现代性"的问题。他指出这个过度消费和全球化的现代社会,不但大量制造过剩、无用的废弃物／垃圾,同时亦不断生产着失败、无用的"废弃生命"(wasted lives)。他认为这种废弃的文化,乃是伴随社会现代化必然而生的产物,而构成现代性的重要元素——"经济进步",正是导致废弃生命出现的其中一个成因。换言之,当社会愈偏重经济发展和进步,社会就可能出现愈多的废弃生命或废弃人口(wasted human),即是一群在经济进步下被视为欠缺生产力和无用,而最终被社会淘汰或遗弃的多余人。然后,鲍曼说人们通常更会"用不看使其不被看到,用不想使其不被想到"的方法,来处理(或去掉）这批多余的、无关痛痒的和无用的废弃生命。流浪汉和拾荒者，可算就是当中最典型的例子。

不过，人世间的事情往往又出人意表，当我们仍如常地无视拾荒者的存在，仍惯常地只将焦点放在城中政商界名人、学业有成的尖子、事业成功的青年才俊、名利双收的艺人和在星光大道下逐步窜红的超级巨星的时候，想不到无数人竟会将目光投放在一位被称为"犀利哥"的流浪汉身上。"犀利哥"不但在中国的网络世界里一夜成名，甚至被外国媒体报导。也许，有人便以"犀利哥"的例子来反驳，偏重经济发展的现代社会，原来始终没有把隐匿在城市中的流浪汉遗忘掉。

但不要忘记，这位被网友封为"宁波第一乞丐王子"、"潮丐"、"极品路人帅哥"的流浪汉能够极速走红，只因在镜头底下，他被营造成一个时下认为充满美感的"潮人"和"酷男"形像——拥有凌乱不羁的发型、瘦削的面庞、忧郁的眼神和看似配搭得有型有格的衣饰。甚至有不同的网友分别认为他酷似刘德华、梁朝伟、金城武和日本原宿教父滕原浩，更有人建议找星探发掘"犀利哥"，好让他在娱乐圈发展。由此可见，网友其实仍然摆脱不了他们心目中"成功偶像"的标准，他们所注视的，并非那个真正被社会遗忘和废弃的流浪汉，而只是他们心中共同投射出来的一个典型成功潮人的符号而已。在现实上，也许我们依然惯常地看不见在城市里漂泊的废弃生命。

然而，耶稣跟我们不同，他总是停下来，关注他们。例如那些被鬼附的、长大痳疯的、害癫痫病的、犯奸淫的。

杀校——教育工业的废弃文化

香港的学校,似乎愈来愈一面倒地只是为了经济发展而制造大量"合用"的人力资源。为了配合这单一目标,自然会凸显教育制度的功能性和实效性,学校俨然变成工厂,专门生产一大批具有实用知识和技能的学生,以满足市场的需要。香港的教育,已愈来愈变成一种产品或成果导向(product or outcome oriented)的教育工业。

在激烈的竞争和筛选过程中,我们只好接受优胜劣败的现实。一向具有市场竞争力的名校精英和尖子,凭着他们的有利条件,自然容易脱颖而出,成为教育工业所生产的优质精品。至于那些未能符合经济发展市场需要的学生和学校,便惟有无奈地等候被淘汰、甚至被宰杀的命运。由此看来,经济的发展和进步,既促使教育工业不断按市场需要生产优质的精品,但同时亦会制造被视为不符合市场经济效益的教育废品;对于这些多余的废弃物,由于看不到有多少剩余价值,不如干脆把它们弃掉,因此"杀校事件"时有所闻。

对于上述的社会现象,鲍曼可说一语中的地点出了问题的症结。他认为废弃品是伴随社会现代化必然而生的产物,而构成现代性的两个重要元素——"经济进步"(economic progress)和"秩序构建"(order-building),正是导致废弃物出现的成因。在生产知识的工厂中,生产同时也就是一个筛选的过程,必然要将合格

的产品和无用的废品区分开来,至于衡量产品质素合格与否的标准,自然便由将来用家的需要来决定。而且,知识的工厂必然是透过理性去建构秩序,必然要求被管理得整洁亮丽和井然有序,正因如此,就更需要把污浊混乱的部分扫除到黑暗的角落。至于不幸被抛弃在黑暗里的废弃物,即意味着已经不再拥有生存的空间,于是无可避免要遭逢被毁灭和被遗弃的厄运。

"杀校事件",再次见证着资本主义社会贫者愈贫、富者愈富的经济发展律则。名校就算不停将落败的学生拒诸门外,也从来不愁收生不足,相反只会不断壮大。但一些随时面临被杀的学校,在里头就读的往往却是社会上较基层和属于弱势社群的学生,借用鲍曼的讲法,正好就是一群被经济社会漠视的废弃人口,例如领取综援、有学习障碍、成绩差而被其他学校放弃的学生,以及新来港学童。尽管这些学校的老师仍竭尽所能,因材施教,不过在现实的社会风气和教育制度之下,始终难望能够做出

个"好成绩"来。然而,成绩愈差,校誉就愈低,就愈加收生不足,最终便只能日夕在生死线中挣扎求存。"杀校事件",毕竟是这个锄弱扶强的社会的真实写照。

香港的教育,何时变得只按效益最大化的功利原则来计算成本效益?何时变得只顾关心资源的分配?何时正式放弃了有教无类的责任和理想?

耶稣的教育,却从来不考虑经济效益,他愿意花三年时间贴身训练十二个门徒,重质不重量。他的门生也不是什么青年才俊和社会精英,只是基层阶级平凡庸碌之辈。更难得的是,尽管门徒最终的表现令人失望,或做逃兵,或三次不认主,但耶稣依然有教无类,从没放弃他们。在耶稣的心目中,从来没有应被废弃的学生。但愿香港的学校,并非只教"好"学生,而是把学生教好,真正实现无废品教育。

文化废墟上的城市发展

为要把香港打造成国际级现代化大都会和金融中心，香港的城市面貌也持续地在改变当中。旧的不去，新的又怎会来？于是不断地"拆、拆、拆"，然后"起、起、起"。事实上，"加速重建发展，去旧立新"和"更新旧区，促进经济"，正是"市区重建局"的工作重点。就算在"旅游发展局"的心目中，香港这城市的摄人魅力，原来也离不开那璀璨夺目的"幻彩咏香江"，以及矗立维港两岸的巨型玻璃幕墙建筑群而已。由高官到大地产商，只是忙于为这个城市的面貌涂脂抹粉，务求使它能令人感到眼前一亮。至于香港昔日的古朴旧貌，就只能残留在老照片中供人怀缅。

由殖民地到特区政府，这种"拆"与"起"的城市发展政策其实没有太大的差别。回望过去，九龙城寨、调景岭、大磡村、大澳、雀仔街、阴澳、天星码头、皇后码头、喜帖街等，在经济发展的大前提底下，最终也只能够成为现代城市的历史废墟，难逃被长埋于垃圾堆填区的厄运了。

然而，当旧日的空间被夷平，在空间里的旧人又岂能留下？拆卸旧区，就要全部清场，连人带屋也要移走，而往往住在旧区的，都是一些缺乏经济竞争力或贫穷的基层市民。推土机要清拆的，不仅是残旧楼房这类物质性的地理空间，甚至连一直生活作息于其中的居民，以及由他们自然形成的人文空间也要连根拔起。市区重建的第一步，首先就是要借着拆毁的过程将旧区化为

第一部
港式中产迷思

废墟，因为在政府官员和大商家的心目中，落后的旧区就是阻碍经济发展的废弃空间，也是令这个国际级现代化都市蒙羞的"废品堆填区"。然后，城市发展就是建筑在这些废弃空间之上。

无论是政治抑或经济的理由，跟祖国接轨已是大势所趋，无法逆转。于是兴建高铁，似乎也在所难免。但为了建高铁而清拆菜园村，为了经济发展却要毁人家园，甚至要白发苍苍的老人家切断一切跟土地和邻人的长久关系，这是否合情合理？当然，在政府官员的眼中，菜园、耕地、老人，毕竟仍是鲍曼笔下那些阻碍经济发展大业的废弃空间和废弃人口。而现实上，的确总有不少人赶不上或不想赶上这部高速的经济列车，而可能只好成为多余的废弃生命。

菜园村与高铁，恰好代表了农业与商业两种不同的生产和经济模式。借用鲍曼曾引用耕种和采矿的对比来思考这课题，实在又很有意思。正如耶稣所讲，由于一粒麦子落在地里死了，才能结出许多子粒来，生命的尽头原来不是永远的死亡，透过泥土的埋葬，赋予泥土孕育生命的生机，转过头来便能成就无数的崭新生命。是故，鲍曼认为农夫耕种所体现的，正是一种循环不断、死而复生、生生不息的生产形态，而并非永恒的废弃毁灭。相反，采矿的生产形态却是破坏性和毁灭性的，矿产只会不断减损、陆续耗尽而不能挽回；而且开采矿石时要不断将覆盖矿脉的泥土去掉，在提炼过程中又要滤尽矿石中的渣滓和杂物。因此，采矿既是一个无法复原、又是不断堆积废弃物的生产过程，就好像香港的城市发展一样。

iPad 世代的废弃幽灵

在鲍曼笔下的"液态现代性"的社会里,"一切坚固的东西都烟消云散"(all that is solid melts into air;马克思语)。在变迁和流动中,已经逐渐容不下"不变"与"永恒",只能剩下不确定性和短暂性。出现随即消失,生产随即丢弃,在液态社会的天空中,仿佛弥漫着无所不在的废弃幽灵。

赛博空间(cyber space),最能体现"液态现代性"中的随生随灭和废弃文化。文字、图像、声音、思想、情感……不会长久驻足,只会不停地在屏幕前辗转"下载"、"拼贴"、"复制"、"传送"、"接收";同时也不断地在鼠标箭头的移动中"剪下"和"删除"。流动的资讯既在网络世界中无限地繁衍增生;同时,大量废弃资讯和垃圾电邮,也会遗留在资源回收筒内埋葬灭亡。只须在瞬间轻触"删除"键,电子资讯的废弃物就会在指缝间溜走,结果,一切思想和情感废品最终都只得烟消云散。

赛博空间不但大量生产垃圾资讯和电邮,日新月异的电子产品亦不停地在时髦(in)与过时(out)之间现身与隐没(in and out),今天是够潮的珍品,明天就可能沦为无价值的废弃物。经济强国一面大量制造电子产品,亦一面大量输出电子垃圾。某些只顾盈利的所谓电子废物回收公司,其实只是将大量电子垃圾运往第三世界国家弃置而已,却从来无视电子废品内有毒重金属对自然环境造成的污染。废弃文化也许是贫富悬殊的另一症状,富

人总爱制造垃圾并将无用的废弃物推向穷人，甚至可能在一些富人的眼中，穷人就是过剩的废弃人口。

消费主义对人最大的诱惑，莫过于叫人沉浸在一种追求物质富裕和贪新忘旧的欲望当中。故此，消费商品的生命周期变得短暂，很快就会到期，在消费社会所生产的消费品，出厂不久便会变成过期的废弃物。

超市不能售卖过期的商品，在消费社会里，男欢女爱也有期限，而且恋爱的生命周期跟消费商品一样短促。就好像电影《重庆森林》里的警察，他以到了最后食用日期的菠萝罐头来比喻一份过期的感情。人们在液态社会里有着液态恋情，也许再不会随便相信天荒地老的诺言，再也不会随便许下海枯石烂的盟誓，他们却会为对方设下最后的使用限期。逾期的爱，就只好成为爱情废品，抛诸脑后，液态恋情绝对容得下旧爱新欢的不断流转。原本于圣经中歌颂的恒久忍耐的爱情观，在液态社会里也变得烟消云散。

我们或会这样宣告：世界纵然改变，上帝是永恒不变。然而，如果我们所讲的只是柏拉图二元论式的"永恒"，那么，这种"永恒"只会跟"时间"对立，这种"不朽"只会跟"变化"抗争。于是，我们的末世观说，上帝只会毁灭世界，天堂只会吞噬人间，最终这个人间世界，原来仍是上帝要清理的废弃物和垃圾场。

福音却是如此：本是坚固磐石的上帝，竟成为血肉之躯，更取了奴仆形象。道成肉身，打破了"永恒"与"时间"的对立，也瓦解了无所不在的废弃幽灵。耶稣岂不是说过：他来本不是召义人，乃是召罪人（废弃生命），使原本废弃的生命成为新造的人。上帝也不是将世界看为废弃物，任它烟消云散，而是以信实和永恒的爱来将天地的一切从旧更新（参《启示录》21：5）。

第二部
中产部族迷思

HongKong
MiddleClass

HONG KONG MIDDLE CLASS

穷忙族——穷得只剩下忙碌

当香港逐渐成为经济全球化下一个重要的国际金融中心，以及不少有钱人坐享香港经济发展的成果时，有没有想过有多少人被逼沦为被工作奴役的"穷忙族"？据日本经济学家门仓贵史的分析，"穷忙族"的成因正是跟经济全球化所造成的激烈竞争有关：为了降低成本，雇主自然容易对雇员造成不公平的剥削。事实上，"穷忙族"已逐渐成为日本这类富裕社会的一个新兴阶层。

所谓"穷忙族"，是指那一班工时特长，但收入未必足够负担基本生活开支的在职贫穷一族。二〇一〇年六月中旬，《星期二档案》播放了一集关于"穷忙"的特辑，内容主要探讨香港正出现这种社会现象。当中访问了一位任职广告公司的年轻撰稿员，他经常需要工作至深夜，但四年来月入也只是一万多元而已。另外，节目亦访问了一位二十二岁的发型屋学徒，每天工作十二小时，月入也只是四千至六千元左右。

在YouTube有一首颇能反映"穷忙族"心声的流行歌："边一个发明了返工，返到我愈来愈穷。为了薪金一万元，令每天都没了没完，一万元一万元一万元，灵魂卖给了大财团……到了薪金两万元，我的青春就快用完，两万元两万元两万元，我有更多事没法做完。"另外，"香港投诉合唱团"有一首歌同样反映这种"穷忙"实况："点解点解永冇收工……到粮尾穷到穿窿……点解香港教育咁差，Fresh grad 出身佢当你笨。够食够住四千八，我又要狂做 part time，我仲有一身债。"

马克思在其名著《一八四四年经济学—哲学手稿》(Economic and Philosophical Manuscripts of 1844)中，对劳动所造成人的异化，有十分精辟的见解。他指出，当劳动者耗费在劳动中的力量愈多，劳动者自身的内在世界就愈显得贫乏，甚至被生产劳动所劳役，因而造成劳动者自我的异化。换言之，当人们的生命几乎为工作付出一切的时候，保留给自己的就愈少，愈会觉得所付出的一切，好像只属于雇主或他人，总之就不属于自己，最终仿佛只为雇主卖命，人生好像只为无休止的工作而活，于是愈来愈感到生命虚空、失落和没有意义。

由此可见，对被工作奴役的劳动者而言，工作本身已经变成一种外在于劳动者自身的异己行动，它不再属于劳动者自身生命的一部分。故此，劳动者在工作的过程中只会否定自己，因而更会感到苦恼、压力和厌烦。于是，我们看到很多人厌倦劳动，逃避工作，因为工作不再是自发和自愿的，却已经变成一种被逼的强制性行动。到头来，这种异化的劳动，因失去了自身的意义而不能再成为工作者生命的目的，只能沦为工作者为了满足其他欲望和目的而不能不选择的手段而已。

"边一个发明了返工？"答案就是上帝，上帝命令人管理大地。不过，上帝呼召人工作之前，他自己首先工作——创造天地。但上帝的工作方式有些特别，他没有一瞬间把工作做完，却花上六天的日子。上帝不赶时间，不走捷径，不匆忙，不讲效率，务求慢工出细活，并且将第七天定为安息的圣日，停止工作。上帝似乎要亲自表明，不能只有工作而没有安息，亦惟有在慢下来的时间中作息有序，工作才能圆满。如果上帝也是如此，为何我们却总是喜欢跟时间竞赛，只会疲于奔命地度过此生？为何忙碌至死的现代城市人，不再喜欢享受"日出而作，日入而息"那种农耕生活所带来的生活节奏呢？

　　此外，在创世的时候，上帝照着自己的形像样式造人之后，马上给人的第一个召命（calling），就是要求人去管理上帝创造工作的成果（参见《创世记》1：26）。由此可见，上帝刻意将工作跟人有上帝形像这本然的人性连上关系，工作与人性本来二合为一。换言之，工作本应是成全和体现人性的行动，是实现人生的目的。工作原是人类自身生命的一部分，在工作中，人只会肯定自己，只会从中体现人生的意义，只会由此感到生命的喜悦和满足。

　　人的工作原本就是上帝给人的神圣召命，本应是人对上帝呼召谦卑顺服的回应。可惜后来始祖犯罪，人违背了上帝的命令，人甚至企图取代上帝而以自我为中心，于是人性的扭曲同时带来工作意义的扭曲，本来是上帝给人的神圣使命，最终却变成一种异化和被逼的强制性劳动，工作亦变得以人的自我为中心，工作只沦为谋生和满足个人成功感的工具，却忘记了人的工作其实本应只是彰显和体现上帝自己的工作；当工作逐渐失去了一份荣耀上帝和修理看守大地的使命感，工作最终由于人的犯罪而变质！

穷忙族——忙上瘾的荒凉

"穷忙族"的英文名称是 working poor，本来是用来形容一班超时工作，却愈忙愈穷，收入不足以糊口的在职贫穷之辈，甚至被认为是富裕社会新兴的贫穷阶层。表面看来，"穷忙族"一词似乎不适合用来形容中产人士。不过，如果现今不再以薪金、财富和资产来界定中产，而改以价值思维、生活方式、学历和职业等元素来定义的时候，尤其在今天这个"下流社会"里（即社会阶层的流动性开始出现向下流动的社会），拥有大学学位、习惯中产生活和思维，却收入微薄，甚至入不敷支的在职中产人士，其实大有人在。故此，中产穷忙族不一定在意义上有矛盾。

然而，"穷忙族"中的"穷"字，除了意指经济收入和物质生活的"贫穷"之外，其实也可以用来指生命上、精神上或心灵上的"贫穷"。也许，不少中产人士工作愈忙就赚钱愈多，因而消费享受愈来愈奢华，物质生活也愈来愈富足。然而，经济和物质的富裕不代表一切，忙到上瘾的中产阶层，可能正如王阳明牧师那本书的名字，最终"穷得只剩下钱"，除物质享受和金钱一无所缺之外，其他方面却可能非常"贫乏"，甚至一无所有。

忙碌的中产一族，首先感到最"缺乏"的应该就是"时间"。"时间"本来不是一种"资源"，不可能像物件般被我们拥有，人和万物本应只可能栖身于时间中经历存在的生成变化，因此赫舍尔（Abrsham J. Heschel）说："惟有时间才是存在的核心……在时间之域中，生命的目标不是拥有，而是存在。"然而，当"时间就是金钱"这句话成为那注重"生产力"（productivity）的资本主义社会的金科玉律的时候，"时间"便会完全被工作和生产所占据，于是"时间"不但变成一种"资源"，那被商品化的"时间"，甚至逐渐成为一种稀有的"经济资源"，"时间"只能不断为满足人的占有欲而出卖自己。

忙碌的中产基督徒也不能例外，超时工作固然夺去闲暇，劳累的生命自然无法得享安息，忙上瘾的人更不可能在时间中享受与上帝、与自己、与他人、与世界的共在和感通。结果，我们见到不少以事业为重、日忙夜忙的中产父母，在子女的成长路上无奈地总是缺场而不能相伴同行。又见多少已卖身给工作的忙碌信徒，没有时间在教会事奉已不在话下，甚至连在安静中灵修祈祷、默想圣言、等候上帝，也成为非常奢侈的事情。在忙碌至死的生活中，眼中可能只有做不完的工作，心中可能只会追逐那份无休止的、来自业绩的成功欲求，然而却对他者和自我的存在，反而愈来愈有一份疏离和陌生的感觉。

卢云（Henri J. M. Nouwen）说得好，存在比工作更重要。不得不承认，现代人可以耗尽生命在忙碌的工作之上，却忽视存在的重要性，他们也愈来愈少谈使命，甚至有时更会以忙碌的工作，作为逃避使命的借口。难怪卢云曾说："处于忙碌中，会使我们远离我们真正的召命。"真正的召命，就是为别人、为世界而存在。耶稣并非呼召我们忙碌工作，日做夜做，而是呼召我们跟从他，成为门徒，爱人如己，为他人而活（存在）。

将工作放在人生首位，把事业视为满足自我成功感而忙上瘾的中产信徒们，也不要忘记诗人如此提示："但其中所矜夸的不过是劳苦愁烦，转眼成空，我们便如飞而去……求你指教我们怎样数算自己的日子，好叫我们得着智慧的心。"（《诗篇》90：10下，12）

飞特族爱自由

在中国传统儒家以家族伦理为本位的文化薰陶之下，自然衍生出一种以家庭和宗族关系为核心的工作观。努力工作不是为了子孙而积存遗产，就是为了养儿防老。于是，由此衍生出来的，就是一套重视勤奋、节俭、尽责和尽义务的工作伦理。这种以家族伦理为本位的工作文化，同样透过中国人喜欢建立家族式的企业反映出来，这无非就是拜"子承父业"这种世袭心态所赐。不过，这亦因此容易形成一种看重"关系"（而且看重的是自己人的"裙带关系"）的工作伦理观。这种文化在找工作时尤其显著，因为老板在聘请员工时，宁愿由熟人介绍，也不习惯公开招聘，最好能够聘请到亲友或同乡，毕竟自己人更易信任，这种现象在香港五六十年代时仍非常普遍。不过，由这种重视关系的工作文化衍生出来的，可能就是一种一生为雇主尽忠尽责的伦理精神。

新兴的"飞特族"，可说是对上述传统儒家工作文化的颠覆。飞特族是Freeter的音译，它是日本人创造的新词汇，由英文free和德文Arbeiter（即工人）合并而成，顾名思义，Freeter就是"自由工作者"的意思。飞特族并非一群不事生产的隐闭青年，他们也会投身工作，只不过拒绝卖身成为工作的奴隶，宁做兼职，随时转工，也拒绝被固定的工作缚死，亦不喜欢终日被困在办公室受老板气。飞特族最向往的是不受束缚、自由自主的生活，因此，他们不甘于每天只在营营役役的职场生涯中让青春虚度。

热爱自由的飞特族，似乎会以游戏的态度来看待工作。工作犹如游戏，无须过分严肃、认真、尽责；也不用太过投入、卖命和委身；不再认为终生献身于惟一的职业是有价值的事情，亦无须坚持工作的延续性和稳定性的必要。短暂工作的终结，亦好比游戏的结束（game over），可以找一个新的游戏重新开始，何须介怀，最重要的，还是在短暂过程中拥有的轻松快乐的感觉。飞特族这种拒绝对某种固定的生活方式抱坚持的态度，以及容许那种碎片式断裂和变化流动的后现代精神的呈现，颇为符合鲍曼所讲的液态现代性（liquid modernity）的文化精神。

借用鲍曼以"观光者"的比喻来对液态现代性的分析，观光者总是以一种抽离的过客身份来看待他的旅游，他总是会跟路过的地方和途人保持适当的距离，因为惟有这样，才能继续向前迈进，毕竟观光者的生活核心，乃是不断短暂的去留和移动，而不是作终点站式的长时间定居。飞特族似乎也用观光者的态度来看待工作，他们同样要在工作中保持流动性，固然不会希罕稳定的长期工作合约，亦不愿意把一份工作变成终身职业。他们也绝对不会轻易对任何职业或雇主作至死不渝的宣誓效忠，也不会以将来终生事业的理想，作为现今当下生活的抵押。

飞特族这种崇尚自由流动和短暂生命周期的工作文化，固然也跟资本主义社会的经济结构转型有关。当社会还停留在"固态现代性"时代，依然有可能强调家族企业的长久跨代性，以及工人长期委身、甚至终生受雇的制度。一旦进入"液态现代性"时期，由于液态社会的经济自由市场和劳动力市场最讲求的是灵活多变，于是一般都会以短期合约的方式，以维持劳资双方的短暂工作关系。由此可见，"液态现代性"中的流动、快速、混乱、松散、变化和不稳定这些特性，是一种分化个体与个体之间关系的强大力量。

隐蔽的尼特族

"尼特族"是 NEET 的音译，而 NEET 就是 Not in Education, Employment or Training 的简称，这个词汇最早于英国使用，泛指赋闲在家无所事事的年轻族群，类似香港的"双失青年"。他们不但是失学和失业的一群，而且连接受职业训练的意愿也很低，对工作和学习缺乏兴趣和动力。当然，香港的双失青年未必不想工作，可能只是人浮于事，于是惟有无奈地接受自己的"双失"。

尼特族因失业而未能经济独立，便惟有躲在家里过活，继续依靠父母在生活上的照顾和在经济上的支援。所以，在美国又称为"归巢族"（Boomerang Kids），在中国大陆则称为"啃老族"。

也许，在不少战后婴儿潮那代中产成年人的眼中，这一代年轻的尼特族，意志薄弱、不事生产、好逸恶劳、待人处事得过且过，不像他们那代人般做事有冲劲、有计划、做人有责任、有目标、意志坚定、肯做肯捱、勤奋拼搏。亦由于尼特族长期无所事事赋闲在家，于是他们更担心这代人容易变成足不出户的"御宅族"、"电车男"，或者成为"家里蹲"的隐蔽青年。人们害怕，这班青年会变得性情孤癖，不喜欢社交生活，欠缺与人沟通相处的技巧，终日只会沉迷于动漫电玩（ACG）。

尼特族在学业和事业上已经一事无成,就连结识异性的能力也欠奉。若从一般中产的核心价值,即以成功的事业和家庭作为人生成就这种核心价值来衡量,尼特族的人生就显得非常失败,我们亦会明白到,为何社会甚至以"家里蹲废柴"来形容这班隐蔽青年。

然而本来善意的担心,到带着有色眼镜的贬义定型和负面标签,甚至转为恶意的批评,不但会使这班年轻人的面目更为模糊,更会因而加深了社会对他们的误解和偏见,同时亦简化甚至曲解了整个问题和现象。首先,尼特族不一定就是只会蹲在家里沉迷动漫电玩的御宅族,御宅族也不一定就等于是电车男或隐蔽青年。再者,我们也不应单纯以贬义来界定御宅族,因为御宅族的原意,乃是指一班对动漫电玩不只疯狂热爱,而且对这方面有深入研究和具备专业知识的族群,而努力进取和主动创作,更是原初的"御宅"精神,所以在本质上,他们跟一些对摄影或红酒的学问有研究和着迷的中产成年人,其实可能分别不大。

同样,我们也不应该为香港的尼特族或双失青年随便贴上负面的标

签。试问,有谁生下来就喜欢"双失"?难道我们那种鼓吹"优胜劣败"和"读书只为求分数"的教育制度,可以对尼特族因失学而导致一事无成的后果完全置身事外?难道我们这个表面高举公平自由竞争,实质是充满垄断剥削的所谓"自由经济市场",对尼特族的失业可以不用负责么?当我们一群中产成年人,只管责怪双失的隐蔽青年虚耗光阴和毫无理想的时候,试问那套只讲经济发展和务实功利的中产价值,岂不是一早也把理想主义抛诸脑后么?如果说闷在家里的尼特族生活单调,缺乏活力和朝气,试问我们这个只求经济成就、安逸稳定、害怕革新和贬抑多元价值的社会,岂不是同样沉闷和枯燥无味吗?当这个社会以不事生产和好逸恶劳来定义和批评尼特族的失败时,是否也反映了我们将高生产力和事业有成这种单一的中产核心价值,当作偶像般过度地崇拜呢?

草莓族与港孩

"草莓族"一词,出自台湾作家翁静玉于一九九三年出版的《办公室物语》,当时只是用来描述台湾一班三十岁以下青年人的工作价值观和职场心态,这词汇原本不带有贬义。然而,经过社会大众议论纷纷的分析批评和媒体的炒作之后,今天这名词却已普遍地成为在富裕社会内(不少生于中产家庭)成长的一班"八十后"及"九十后"年轻人的负面标签。

固然,草莓族跟那群"激进搞事"的八十后(同样是成年人随便给予的负面标签)完全不同,他们不但不会参与政治、不会关心社群、不会主动出击、不会坚持抗争,反而往往不堪一击、意志薄弱、抗压性低、消极被动、看重个人利益先于社群福祉。

顾名思义,这一新生世代,犹如草莓一样,徒具耀目亮丽的外表,里面果肉却质地柔软,稍为用力施压一捏就抵抗不住,烂成一团稀泥。在不少成人眼中,草莓族虽然一身光鲜艳丽的名牌服饰打扮,但未必真正有内涵,过度的自我中心导致他们不易合群,自尊心过高容易令他们情绪低落。不少草莓族空有骄人的学历成绩,却严重欠缺待人处事及解决问题的实际能力。可能由于在温室里长大,因此草莓族往往经不起现实世界风吹雨打的考验,抵抗逆境和抗衡压力的能力特差,结果变成容易受伤的"草莓"。

继"港男"、"港女"之后，香港潮流又热哄哄地谈论"港孩"；其实，草莓族就是港孩的延伸。事实上，不少港孩拥有类似草莓族的性格和行为特征，他们同样拥有"三低"（即自理能力低、情绪智商低、抗逆能力低）、"三无"（即无反应、无礼貌、无责任感）和"三弱"（即主动性弱、忍耐力弱、社交能力弱）。对他们来说，上网和电玩可以身手敏捷，反省和思考却表现得非常迟钝；渴望被注意，却不懂关注别人；生理成长和外表打扮愈来愈早熟，但心智发展却愈趋幼稚或出现晚熟的倾向。如果港孩是高龄婴儿，草莓族就是超龄港孩了。

如果"港孩"真的是一个令人担忧的问题，问题的症结却未必在孩子身上，因为其实有怎样的社会，就有怎样的父母，有怎样的父母，才有怎样的孩子。当这个社会一窝蜂地单以学业成绩为重，以入读名校为最重要的教育目标和最大成就的时候，就会继而明白，为何子女生命中其他方面的培育相对被轻视，亦明白到很多"爱子心切"的父母，为何可以为孩子打点一切大小事务，以致令他们能够专心为学业成绩而作战了。

故此，不少人同意"港孩"的出现其实跟"直升机父母"（helicopter parents）的存在有关。意思是，父母太过溺爱和呵护儿女，放心不下，愿为他们贴身打点一切，就像直升机一样，由早到晚都在子女上空侦察盘旋，随时作好准备，要下去伸出援手，或解救他们于危难之中。这种心态，尤其在中国人的母亲中最为常见，这也许跟传统文化对母亲这性别角色有额外的要求和期望有关。做母亲的，自然便有一种无形的心理压力，惟恐做得不够、做得不好，于是只好什么都替孩子做，甚至以此来肯定自我身份的存在价值。

固然，港孩现象是否真的有普遍化的趋势仍难确定，而且把中产家庭的孩子都当作港孩，又未必与现实相符，亦不公平，何况生产港孩也非中产家庭的专利，有些底层父母亦乐此不疲。

无论如何，儿女最需要的未必是父母贴身的呵护，而是对整体生命的贴心管教。

丁克族——不要孩子要猫狗

丁克族是 DINK（Double Income No Kids）的音译，指的是夫妇二人都出外工作，他们多数属中产阶层，有两份颇为优厚的收入，却不想生孩子，过着自由自在的二人世界生活。

丁克族不想生孩子的原因很多，亦因人而异。有些人根本就不喜欢跟小朋友相处；有些人觉得养育子女是非常庞大的投资，当中的经济压力实在不容轻视，他们不愿一生背负儿女债。当然，除了经济状况的考量外，为着子女的身心灵成长，父母还需要付出极大的心力，不少人恐怕自己承担不来，不如索性逃避；有些夫妇亦可能以工作为重，不愿为了生儿育女，而妨碍其事业发展；有些人甚至可能由于对自己身处的社会（例如教育制度等）感到非常失望和缺乏信心，宁愿选择不生育，也不愿意目睹下一代在这个失败的社会中存活。现代人对婚姻观念的转变，在同居或离婚愈来愈普遍的现况下，将会有更多人不会随便生孩子。

当然，我们还可以继续列出丁克族不想生孩子的其他理由，但从上述的原因看来，似乎他们都有一共通的想法，就是愈来愈感觉到生儿育女是一种束缚、一种沉重的压力和负担，何况在今天高举自由自主的社会风气底下，几乎任何事情都可以有自己的选择权，还有谁会认为繁衍后代是每一对夫妇

必须要履行的道德责任?

然而,圣经的确如此记载,上帝按其形象样式造男造女之后,跟着就赐福给他们,并吩咐他们生养众多(参《创世记》1:27、28)。尽管我们不必将经文诠释为上帝给每一对夫妇都必须要遵循的普世律令或诫命,但圣经毕竟已为我们(起码是基督徒)提供了一套另类的价值观。

原来,作为具有上帝形象样式的人,他们同时就是被上帝赋予管家与父母这两种身份的存有(being),而管理大地和生养众多,自然就是从这两种身份衍生出来的神圣天职和使命(act / mission)。或从另一角度来看,这恰好就是在实践这两种道德责任的时候,就正可真实反映那按上帝形象样式被造的人性。换言之,有上帝形象样式的人,不应该只是为自己而活(being-for-myself),而应该是负责任地(responsibly)为世界和他人而活的存有(being-for-others);事实上,这样地存活也是对上帝给予的召命的回应(response)。

在犹太人的信仰传统内,能够生育儿女一直被视为上帝的祝福,更是上帝跟亚伯拉罕立约的应许。

然而，不少现代人却认为，自由自主才是人生最大的祝福，于是丁克族一方面决意不生孩子，继续过着二人世界自由自在的生活；另一方面，他们却跟随潮流，养猫养狗，不少丁克族实行与宠物同居，仿佛将爱心完全投射在它们身上，视宠物如同己出的子女，借此填补需要对他者生命付出爱心的心理欲求。

由于一般的丁克族都属中产，因此有经济能力为宠物提供最优质的物质条件。有热爱研究犬只美食的人，可以专为犬只出版《爱犬私房菜》的食谱。除了营养丰富的正餐食粮之外，宠物也有健康小食，例如含丰富Omega 3&6及具天然抗氧化物质的无糖维他饼和薄饼，又或含丰富Omega 3&6及适量蛋白质的鲑鱼、鳕鱼、火鸡肉条；每逢过时过节，还会有专人开班教狗主为宠物炮制三文鱼冰皮月饼。除此之外，宠物跟人一样，也可享用各类保健产品，如适合患关节炎的年老猫狗使用的关节补充片和补充剂；能迅速解除关节痛且渗透力特强的关节止痛露；帮助宠物消除口臭和身体异味的磨菇除臭片，以及有效增强免疫力，促进脑部、心脏、血管、皮肤、眼睛和关节健康的无腥味野生三文鱼油等。不过，这样的优厚待遇，一般只为名种宠物而设。

事实上，有多少时候，我们见到丁克族会拖着一只被人遗弃、身体伤残的流浪狗或平平无奇的土狗在街上漫步？谁说在宠物界中没有种族歧视？谁说丁克族对宠物的爱心没有混杂炫耀或膜拜名牌的消费心态？

辣奢族最爱名牌

"辣奢族"取自英文"luxury"的译音，乃是指一班狂热地追求名牌时尚奢侈品的消费者，他们往往抱持这样的消费哲学——"要么就是不买，要买就买最好的品牌；品牌的魅力实在没法挡，最终岂能不买。"

据闻世界级品牌Hermès旗下Birkin系列手袋，其售价惊人已不在话下，更由于每件产品都由名师工匠亲手制作，就算明知在轮候名单内可能等候长达六年，仍深得城中富豪名媛垂青，可见辣奢族对品牌的痴情是可以如此疯狂。

辣奢族固然不一定是拥有过亿身家的富豪，甚至可能只是一个普通的白领职员，只不过对名牌奢侈品情有独钟，凡看见喜欢的物品，就不惜一掷千金，甚至不计较花光整个月的收入，甘心沦为"月光族"，最重要还是买到心头好。

这种崇尚名牌奢侈品的消费文化，通常发生在经济出现高增长或富裕社会里，辣奢族往往是经济发达社会的产物。其发展模式，一般都是由初期暴发户式的"炫耀性消费"，发展到后期，奢侈品的消费会变成一种无孔不入的生活方式。

要穿着有品味的服装吗？自然要选择Armani、Burberry、Chanel、Chloé、Gucci、Lacoste等高级时尚的品牌；穿鞋？Bally、Ferragamo等当然是

心中首选；手表？可选择 Baume & Mercier、Piaget 或 Vacheron Constantin；要去海滩度假？自然想起 Prada 时款泳装和 D&G 沙滩鞋；至于手袋和皮包，自然非 Hermès、LV 莫属；想买寝具吗？试试 Ralph Lauren 的床单吧，要写字（尤其在别人面前签名）吗？当然要用万宝龙（Mont Blanc）笔了。

原来辣奢族的奢华消费文化，已逐渐无所不在，而且不知不觉地成为一种生活方式。当名牌奢侈品成为消费者获取荣誉感、成就感和权力欲的象征符号时，奢侈品也许会逐渐变成必需品了。

然而，名牌奢侈品的必需性，并不在于其使用价值，由于它已经以交换价值掩盖并代替了使用价值，而交换价值实际上就是经济或货币价值。因此，辣奢族对名牌拜物教的膜拜，最终亦无法脱离对价格（即金钱）的崇拜，金钱由此成为衡量一切的最高价值标准，金钱主导了一切，一切变得都有一个"价格／价钱"，甚至人也不能例外，岂不见很多城市人正在忙于为自己抬高身价么？

当辣奢族以奢侈品的价格来衡量自我身份价值的时候，似乎正应验了卢卡奇（Georg Lukács）所提出的"物化"（reification）观念。一方面的意思是

辣奢族已被物品所控制，已成为名牌拜物教的忠实信徒，"物"已被偶像化而成为"物神"供人膜拜；另一方面，人与人之间的关系，已逐渐化约为人与物的交换关系，甚至前者成为后者的手段，少女因买名牌消费品而愿意援交就是一例。

伊凡斯（David Evans）在《南华早报》的一个专栏内，曾写过一篇"祷文"来讽刺这种名牌拜物教：

一个太太的祈祷文

我们在置地广场的Armani，愿人都尊你的名为圣。
愿你的Prada降临，愿你的店在市中心如同在巴黎。
请赐给我们日用的老公金卡，求你让老公宽恕我们的账户余额，
如同我们宽恕他人收取的利息。
不叫我们进入三越百货，救我们远离永安百货。
因为香奈儿、Gaultier、范思哲、Dolce & Gabbana，全是你的。
愿美国运通卡与我同在，直到永远。
（转引自罗哈·切哈、保罗·赫斯本著：《亚洲名牌圣教——破解奢华爆炸的密码》，蓝丽娟译，台北：《天下杂志》，2007年，页135～136）

99族的烦恼

为何一个入息丰厚的大学教授，仍要诈骗大学的房津？为何一个已经名成利就的医学院院长，仍要千方百计欺诈金钱？为何那些已经财雄势大的大地产集团，仍要不择手段地以"发水楼"这类"阴招"来把钱赚到尽？为何打工一族辛苦拼搏赚到第一桶金，仍要疲于奔命地赚第二、第三桶……为何香港这个社会，总是鼓励我们不断拥有物质、不断累积财富、不断讲经济增长？

是否在这些人心中，九十九还不是目标？也许东奔西跑，最终渴望能捉住的，还是那一百的"完满"。岂料可能为着那九十九以外的一，手中本来已握住的幸福，却已偷偷地溜走，最终剩下的，可能只是烦恼和遗憾。社会最近给他们起了一个名字，称为"99族"。

据说99族源于一个寓意故事。从前有一个权倾天下、富甲一方的国王，按理他应该生活无忧，但他竟然仍未满足，尚感缺欠，并因此而经常闷闷不乐。某天，国王经过厨房，听到厨师哼着歌曲自得其乐，便询问厨师获得快乐的途径。原来秘诀非常简单，虽然厨师住的只是简陋茅庐，吃的只是粗茶淡饭，但只要每天能与妻儿共享天伦之乐，已感快慰。国王将此事转告丞相，丞相便建议国王测试一下厨师，他请国王将九十九枚金币放在一个写着有一百枚金币的袋里，然后把那个袋放在厨师的家门口。

厨师回家时发现布袋，好奇地打开来看，发现全是金币，便喜悦地逐枚金币点算，但发觉只得九十九枚，数了一遍又一遍，仍欠一枚金币，厨师心有不甘，便找遍全屋每一角落，直至筋疲力竭，仍遍寻不获，心情非常沮丧。更不幸的是，自从那天起，厨师的性情大变，经常情绪低落，更容易将脾气发泄在妻儿身上。想不到仅为了一枚不存在的金币，昔日一家乐融融的日子竟一去不复返，亦从此再听不到厨师轻松自在的歌声。其他人看在眼里，也许大惑不解。但对于国王来说，却仿佛从厨师身上看到自己的影子，原来大家都是99族。

99族的烦恼和遗憾，往往来源于永无休止地竞逐追求那额外的"一"的欲望，既是欲望，"一"之后自然可再有额外的"一"。然而，最荒谬的是，99族所追寻的"一"，可能只是无实质意义亦不存在的虚无！

圣经里亦记载了一个关于钱币的故事：耶稣在银库观察众人捐献的心态，见到有一些财主的确捐了一大笔金钱，但耶稣所称赞的，偏偏却是那位投入两个小钱的穷寡妇，认为她捐献的甚至比财主更多，因为她已把自己拥有的一切都献上（参《马可福音》12：41～44）。

愈富有的99族，脑海里只有不断"加"的念头，只有不断"取"的欲望，到头来心灵却愈执著于缺欠，因而愈显得贫乏。反而，那些贫穷的施予者，他们却愈能体悟"减"的人生智慧，愈能实践"舍"的无私精神，到头来心灵反而更显富足。在"加"与"减"的抉择之间，所走的却是两条不同的人生路。

布波族——混种新人类

自从布鲁克斯(David Brooks)的《布波族:一个社会新阶层的崛起》(Bobos in Paradise: The New Upper Class and How They Got There)出版后,"布波族"(Bobos)开始成为一个时兴的名词,这个新兴社会阶层崛起于上世纪九十年代的美国。何谓布波族?布鲁克斯如此形容:"这些高学历的人一脚踏在创意的波希米亚世界,另一脚踩在野心勃勃和追求世俗成功的布尔乔亚领域当中。这些新信息时代的精英分子是布尔乔亚的波希米亚人,取两者的第一个字,我们姑且称他们为'布波族'。"因此,"布波族"是名正言顺"一脚踏两船"的混种新人类。

本来布尔乔亚(Bourgeoisie)和波希米亚(Bohemian)所代表的是两种对立的性格、价值观和生活方式,而后者更是由于对前者的不满而出现的一个反布尔乔亚的文化阶层。然而,在当代这个重视信息、创意和文化资本的知识经济型资本主义社会里,布波族却似乎成功地将两种对立的文化阶级合而为一。这族群一方面注入了波希米亚人富浪漫感性和充满创意品味的文化及艺术情调;另一方面,他们又不会否定布尔乔亚阶级对组织秩序和经济成就的崇尚。因此,一般具有较高学历和专业地位的布波族,可说是波希米亚式的布尔乔亚一族。布鲁克斯形容,布波族这一新精英阶级所偏好的词汇包括:"真实、自然、温暖、简朴、简单、诚实、有机、舒适、手工艺、独一无二、感性和真诚。"

布波族除了是布尔乔亚和波希米亚的混种之外，也可算是上世纪六十年代嬉皮士（Hippies）和八十年代优皮士（Yuppies）的混种新人类。他们一般拥有优皮士心目中的理想专业，如医生、律师、建筑师、会计师、设计师、IT人、财经专家等；他们喜欢过优皮的生活，愿意花钱消费，崇尚物质享受，讲究生活品味。不过，他们又多少流露出嬉皮士那种崇尚自由、独立、脱离主流传统和批判权威的自主性格。

在香港，似乎有愈来愈多形似布波族的中产人士出现，在生活方式和消费哲学上，他们好像具有布鲁克斯所形容的外貌。不过，布波族最重要的内在特征，应是波希米亚人那种富艺术创意感的文化格调。试问，一向重经济、务实、稳定、短视、爱走捷径的香港中产人士，究竟他们真正能够发挥多少创意？究竟有多少人真的拥有较深厚的文化内涵和艺术情调？当布波文化传到香港时，电讯公司SUNDAY也曾赞助出书 *How to Be a BOBO in 7 Days*，教香港人如何在七日内速成布波族。无疑，饮鸡精、走捷径、开速成班，向来都是香港人的强项，可惜最终多数也只是形似而神不似。究竟布波族在香港只会是一股新兴却短暂的潮流文化，抑或真的可以成为社会上一种人文精神发展的新趋势？看来还要拭目以待。

布尔乔亚性格

"布尔乔亚"（Bourgeoisie）这字的词源，跟中世纪的"庄园"或"城堡"有关，本来是指一群当时为了逃避战乱频仍的生活，于是移居社会及经济秩序相对比较稳定的庄园或城堡内的居民。可以说，这跟香港的中产阶级那追求稳定生活的价值观有点相近，香港中产（尤其战后婴儿潮一代）的其中一个特征，就是喜欢在现存制度中，按部就班地为自己及家庭计划将来，并稳步向前地建立安定舒适的生活。当然，若要维持这样的生活方式，自然就需要有稳定的工作和收入，更重要的就是稳定的社会环境。

居民在庄园或城堡住了一段时间之后，生活不但富裕起来，亦开始接近一些政治及宗教权贵，他们逐渐拥有能影响社会的政治及经济权力。从十一世纪开始，意大利的商业活动迅速发展，美第奇家族不但开设银行，更一手操控佛罗伦斯的金融及商业活动，成为欧洲初期最有影响力的布尔乔亚。就好像香港的资本家，他们不但一手操控支配香港经济命脉的生杀权，一旦官商勾结，更能间接影响和改变香港的政治生态。

布尔乔亚跟资本主义历来就有千丝万缕的关系，因此布尔乔亚又被称为"资产阶级"。对马克思来说，在资本主义社会里，由于资产阶级拥有生产工具（如生产资料、厂房、机器等），因而掌握了主宰劳动阶层的经济权力，无产阶级为了生计，必须替资本家工作，以劳动力赚取薪金，换来生活所需。但资本家的天职就是争取最高的利润和累积财富，于是往往透过压迫和剥削的手段，势必将劳工的工资尽量压至最低的水平，因而从中获利。故此，马克思认为，资产阶级和无产阶级在本质上经常处于敌对冲突的生产关系之中。正如香港的劳工团体，多年来争取最低工资和最高工时的立法之所以困难重重，最大的阻力，就是来自那一群在经济上属既得利益者的商人和资本家。

当然，布尔乔亚阶层其实也会呈现出不同的面相。在今天贫富悬殊愈趋严重、中产阶层逐渐往下流动的M型社会里，小资产阶级或中产阶级可能也自身难保，最终亦变成受大商家压迫和剥削的一群。况且，在老一辈的中产阶层当中，他们更自认拥有一些布尔乔亚的美德——如理性、节制、诚实、秩序、克勤、克俭、谨慎、毅力、准时、谦逊、率直和脚踏实地。

如果布尔乔亚文化代表的是一种追求稳定价值观和自我掌控的安全感，那么，活在资本主义社会内的基督门徒，他们所要塑造的更大美德，可能反而是亚伯拉罕那漂泊不定的人生旅途中其依靠上主的凭信冒险。

如果布尔乔亚展现的是一种不断要满足自我的权力和财富欲望，以及追求对他者压迫剥削的阶级意识，那么，耶稣以下的圣言："你们中间谁愿为大，就必做你们的用人；谁愿为首，就必做你们的仆人。正如人子来，不是要受人的服事，乃是要服事人，并且要舍命，作多人的赎价"（《马太福音》20：26—28），也许就是对这种自我中心和不平等的阶级意识最有力的批判。

波希米亚文化

"波希米亚文化"是十九世纪法国人对四处漂泊而具浪漫情怀的吉卜赛人的文化联想,用来称呼一群反传统生活风格的文人和艺术家。自从穆尔格(Henri Murger)的著作《波希米亚人的生活剪影》(Scenes de la vie de Boheme)大受欢迎后,"波希米亚文化"便开始受到注意,而普契尼(Puccini)的著名歌剧《波希米亚人》(La Boheme)便是从穆尔格这部作品中取得灵感。

普契尼这出歌剧反映了"波希米亚文化"的特征。剧中四名男主角分别是诗人、画家、哲学家和音乐家。他们共同住在巴黎一间破旧的公寓内,生活潦倒贫困,甚至沦落到打算要把刚创作好的手稿当柴烧掉来取暖,虽然如此,他们却仍然苦中作乐,玩味人生。歌剧其中一条主线,描述诗人鲁道夫和绣花女咪咪的浪漫爱情故事,当鲁道夫初遇这位梦中情人的时候,有一段精彩的曲词最能反映"波希米亚"的精神:"我如何生活?就这么活。在我不经意的贫穷里,我写诗句和情歌,构筑梦想和空中楼阁,我拥有百万富翁的灵魂。然而却遇到了两个贼,偷去我生命中的一切珠宝,这两个贼是一双美丽的眼睛,它们刚刚随着你进来。"

如果说,十九世纪的布尔乔亚中产阶级乃是以商业和经济的成就为荣,并且以个人的工作成就和社会声望为人生目标的话,那么,波希米亚

文化人则是一群批判当时十九世纪布尔乔亚阶级意识形态的人,他们彻底地反对十九世纪初期的经济精英制度,且在生活上刻意不遵循当时中产阶级的礼仪规范,甚至以唾弃中产阶级所代表的价值观为乐;正如法国作家福楼拜(Gustave Flaubert)所言:"唾弃中产阶级是智慧的开端。"

波希米亚人对商业和经济不感兴趣,却热爱文学和艺术;他们心目中最理想的终身职业,就是成为诗人、文学家、画家、音乐家。他们厌倦营营役役的工作,喜欢过与世无争、游戏人间、简朴无华的生活,甚至安于无所事事地浪费光阴,或甘于成为到处漂泊的游子浪人。波希米亚人看富贵如浮云,视功名如粪土;不追求物质享受,更拒绝奢华宴乐;轻视物质与肉体,看重精神与灵魂;不在乎事业有成,只在乎理想实现;讨厌务实与功利,向往浪漫与梦想;轻忽理性秩序及官僚制度,崇尚情感变化和奔放自由;抗拒保守,讲求创意,不爱依循常规,不受传统约束,时刻展示野性不羁与批判反叛的性格。

然而,波希米亚文化人那种反叛不羁的性格,有时却因为过了头而会有一些较为激进的行径。例如,达达主义(Dadaism)画家李希特(Hans Richter)曾声言:"我们想要创造一种新的人类,不受理性、陈腔滥调……以及过去种种桎梏所束缚。激怒大众就是我们的基本原则。"波希米亚文化,仿佛逐渐成为一种反主流、反传统的反叛代号。

香港大多数务实的中产阶层,其实跟真正的波希米亚文化人的价值观和浪漫的生活态度相距甚远。没有梦幻、没有理想的人生,不但枯燥乏味,更可怕的是生命流于空洞和浅薄。也许,我们真的需要波希米亚文化,以致能对我们中产意识形态作出某程度的颠覆和反动。

第三部
港式BoBo迷思

HongKong
MiddleClass

港式中产

迷思一

知情・识趣

中产知识分子往哪里去了？

按传统的看法，理想的知识分子，应该是热爱知识、独立思考、追求真理的时代先知；也是勇于批判、承担使命、维护公义的社会良心。

随着大学教育的普及，在香港的中产阶层中，愈来愈多人拥有硕士及博士学位，在各行各业中成为高学历的专业精英。然而，这就是否等于他们必然具备传统知识分子应有的气质、学养和使命感呢？香港的情况是否如富里迪（Frank Furedi）所质疑的——传统意义下的知识分子往哪里去了？（Where have all the intellectuals gone？）

香港声称已成为"知识型社会"，并发展"知识型经济"，可能这正是传统意义下的知识分子逐渐在香港减少的其中一个原因。由于在不少香港人心目中，"知识型经济"的重点不在于知识，而是在于经济，"经济发展"才是最重要的目标，于是香港的高学历精英分子所追求的"知识"，只能沦为"经济发展"（谋生或赚钱）的手段或工具，这岂不就是富里迪所批判的知识的工具主义么？基于此，在发展"知识型经济"的社会里，知识主要为经济服务，知识是否被重视，主要在于能否在它身上衍生可观的经济价值。于是，我们与其说关心或尊重知识产权，不如坦白承认，其实所关心的是专利权背后专享的经济利益吧！当"知识型社会"鼓吹公众不断进修和终生学习的时候，难道真的只是为了满足求知欲和热爱真理本身么？说到底，这可能只是透过提高学历和装备实用的知识技能来提升竞争力而已!

科塞(Lewis Coser)站在传统的立场,主张真正的知识分子"应该为思想而活,而不是靠思想生活"。当知识分子为思想而活,纯粹以智慧和真理作为毕生追求的目标时,他们才会不断深化知识,爱慕更深奥的智慧。相反,一旦知识分子被职业化、专业化和商业化,他们便只靠思想或知识而谋生,并只会将学问还原为大众均可易于明白和操作的技艺或工具性知识,正如富里迪所言:"知识常常被定义为易消化的现成品,能够被'传递'、'分发'、'出售'和'消费'。"于是,那些深奥难明和欠缺实用价值的学问,只会愈来愈不受欢迎,为了迁就大众,只好将知识变得愈来愈肤浅,但所鼓吹的,其实是一种媚俗的平庸文化。

按富里迪的讲法,这种知识平庸化的现象,同样能在现今流行的政治文化中反映出来,他称之为包容政治(politics of inclusion)。今天的政客,为了包容或吸纳更广泛普罗大众的选民,于是不再讲求高质素的理性政治辩论,只重视政治化妆术和宣传表演的策略,为了迁就大众和迎合市场的需要,只好降低对知识水平的要求,甚至不惜哗众取宠。不过,富里迪指出这样做会带来社会弱智化、文化儿童化及崇拜平庸主义的后果。于是,虽然社会里教育程度高的人愈来愈多,各行各业也许亦充斥高学历的精英分子,但实际上,社会可能愈来愈反智,民智亦可能愈来愈低。社会的平庸主义,始终还是拜市场主义和工具主义所赐。

布波族已为自己塑造了一个新知识分子的形象,既要做生意,不鄙视商业市场;又重视文化知识和创意,还愿意承担社会责任。不过,这难免会将深奥难明的知识变得稍为浅白和大众化,但似乎至少比富里迪笔下那个欠缺人文文化,以及只对物质和日常事务感兴趣的"庸人"(Philistine)优胜。

布波
新知识分子论

按布鲁克斯的观察，美国的布波族并非那种传统生下来就是贵族的上层精英分子，而是倚靠普及的大学教育，并凭个人努力，成为新兴的高学历精英阶层。

而且，以往拥有硕士及博士学位、仍属少数的传统知识分子，多数会在大学里任教或做学术研究，但今天拥有高等学位的布波族人数已愈来愈多，不少具有硕士及博士学位的他们，任职于各行各业（如商界、政界、传播界和出版界等），这意味着已打破了知识分子只任职于教育及研究机构的局限，这阶层与各行业之间的界线已逐渐模糊。

高学历知识分子渗透各行各业的现实情况，其实也跟布波族本身喜欢把表面上矛盾对立的事物融合为一的性格不谋而合。以前离群索居的波希米亚知识分子，根本就完全抗拒布尔乔亚商业文化的入侵，认为一旦沾染商业味，就会贬低知识分子的身份和尊严。昔日的人很难想象，今天的社会竟然会用"知识型经济"、"创意产业"这类名词，将精神文明和经济市场两个不同的领域合而为一，打造了一群一半是哲人或艺术家、另一半是活跃于政经界的混种新知识分子阶层。高学历的布波族，无疑塑造了一种新知识分子的形象。

由于布波族已经以资本家的方式来看待知识分子的身份和事业，于是无可避免会将思想和知识视为他们追求市场利润和争取地位名声的财产或资本。布鲁克斯借用了布尔迪厄（Pierre Bourdieu）的"象征性交易经济"理论，来分析布波族知识分子究竟以何种策略，去运用他们的资本往上爬和获取最大的利润，这些资本包括学术和文化资本（如学位和专业知识）、语言资本（使用语言的能力）和象征性资本（如知名的学术奖项）等。简而言之，若想成功，最重要就是懂得利用以上的资本来包装形象、推销自己、吸引群众的注意。对布波族而言，单讲内涵、只重实力的传统知识分子形象已经过时，今天已是一个讲形象、重包装、擅于表演（做秀）的年代，而且做秀一定要做到出位，才能先声夺人。

高哈伯（Michael H. Goldhaber）提到"注意力经济"（the attention economy）这观念时指出："在新经济下，注意力本身就是财产。"诺贝尔经济学得奖者西蒙（Herbert Simon）亦说："随着信息的发展，有价值的不是信息，而是注意力。"现今这个信息及网络的年代，就是注意力时代。因此，未来经济的竞争就是关乎注意力的眼球之争。活在注意力经济年代的布波族知识分子，也许最重要的就是学懂一套做秀的政治和经济学。

事实上，现代社会的政客讲求包装，政治就是一场表演；传媒追求出位，新闻就是一堆哗众取宠的炒作；运动员一定要搏出镜找商机，奥运就是四年一度炫耀国力的"大 show"。

当然，在布鲁克斯心目中，布波族新知识分子未必是一班只重包装、徒具外表的不学无术之辈。若以现今常用的一个术语来称呼他们，有些人可能就是一群经常在报章上写专栏、上电视或在电台演讲的"公共知识分子"。布鲁克斯甚至认为他们的贡献比传统的知识分子更大，因为他们并非只困于象牙塔内闭门造车，徒作抽象推理的纸上谈兵，而是透过投入现实社会生活的体验去获取一种实务性的智慧。

布波族的心灵世界

　　布波族既懂得享受有品味的物质生活，同时又愈来愈重视精神和灵性的培育。这班高学历的中产阶层，由于逐渐有兴趣探索自己的心灵世界，亦乐于发掘和了解宇宙人生的意义和奥秘，于是一些比较大众化的哲学、宗教、心灵书籍或讲座课程，在这个高度物质化的社会里反而有一定的市场。

　　布鲁克斯用"弹性正统"一词，来形容布波族心灵活动的混合特征。即他们一方面坚持要摆脱来自外在权威的束缚，继续实现理性自主和平等的理想，抛弃僵化的传统而不断追求变化和革新，扩张自我实现的人生目标，拥抱个人主义的意识形态；另一方面，过度的自由放任，也许又令他们容易觉得生命好像四处飘荡而无法安顿，甚至有可能陷入无政府混乱状态的危机。故此，他们在向往心灵生活的自由和弹性之余，又重新渴望有限度的回归正统和制约，对布波族而言，心灵的世界理应也是一个有秩序的世界。于是，他们愿意将精神生活植根于严谨的法律制度、合理的社会规范或现实的社会关系。

　　布鲁克斯又形容布波族这种心灵探索的本质，乃是一种既想自由自在又要落地生根的欲望。自由和秩序两者不一定对立，秩序也不等于大一统的霸权，而是对彼此自由的尊重而带来的包容所呈现的和谐关系。故此，个人化的多元主义就是实现这种心灵生活的基础。

　　从回归正统的角度而言，布波族肯定道德的正面价值，他们同意追求良善绝对是应当的,不过同时以为必须承认每个人追求和获致良善的方式可以不同,人世间并非只有单一的哲学或宗教的价值体系,亦没有惟一的救赎途径,因为世界本身就是复杂和多元的。正因如此,社会需要赋予人更大的空间和自由,好让每个个体以不同的方式(如瑜伽冥想、催眠、五花八门的心理治疗和另类疗法)去释放自己心灵的潜能,以及开拓和探索充满奥妙的心灵世界。也许,现今是追求心灵个人主义或利己的心灵快乐主义的盛世时代。

然而,在这种个人化的多元主义基础下,去追求不断超越的心灵高峰经验和探索心灵的自由,无可避免地,人生又会落入一个无休止的多元选择的过程之中,这亦意味着我们永远无法捕捉一套所谓正统的价值和真理,并再次跌落那种生命好像四处飘荡而无法安顿的无根状态。

布波族对这种危机是有醒觉的,所以他们又倡议回归一些旧有传统的秩序和价值观,由此便明白为何他们的生活品味处处流露怀旧的色彩,以及为何他们喜欢回归一种原始和简朴的生活方式,并选择在一个重人情味、能体现社群关系的小型社区中生活,甚至他们乐于过宗教的生活。当然,他们仍然坚持不会只委身于一种所谓正统的宗教和真理,他们看重的绝不是上帝的启示和教会的教义,在个人化的多元主义主导下所实践的"弹性正统",自主和自我实现仍然是布波族心灵活动的核心。他们重视社群关系,其实最终可能也只是一种利己的手段而已。

相信没有人不向往生命和心灵的自由。昔日以色列人在埃及过着被奴役的生活,他们的哀声达于上帝,上帝便差遣摩西带领他们出埃及,使其从奴役中得释放、享自由,并浩浩荡荡向迦南这上帝应许之地进发。这四十年漫长的旷野旅程,同时也是上帝要以色列人经历的心灵之旅,上帝不但要他们肉体上离开埃及这

港式中产　118

为奴之地,更盼望他们在灵性上能真正出埃及得自由。在一望无际、视野广阔的旷野路上,上帝给予以色列人很大的空间。自由确实需要空间来营造,心灵需要空间,灵性才得自由。

不过,在上帝的心目中,人的自由绝不等于摆脱一切外在权威束缚的自主和放任。基督徒的自由,原来是很吊诡的。真正的自由,恰好就是不要过度自我和执着,愈能放下,愈不执着,愈将自己生命的主权交给上帝,生命就愈有空间;人愈愿意放手被上帝引领前行,人生就反而愈有方向;人愈顺服愈信靠上帝,反而就愈能享受来自上帝的安息和自由。这岂不就是上帝在旷野旅程中,颁布律法、兴建会幕、云彩引路、供应鹌鹑和吗哪、命令以色列人守安息日的心意么?

当以色列人身处荒野,仿佛四十年过着到处漂泊、无家可归的流浪生活的时候,人生好像处于进退两难的迷惑和无根的状态,人最感忧虑的,可能就是生命因无法安顿而带来的不安。

诚然，自由流浪的旅人，最终还是需要回家，惟有回家，生命才得到休息和安顿。因此，迦南应许地就是他们遥遥在望的家乡，可惜最终他们不能进入迦南美地，不能彻底出埃及，生命仍被自我中心和放任的罪性束缚，因而不能享有真正的自由。原因就是他们对上帝的不信："他们不能进入安息是因为不信的缘故了。"（《希伯来书》3：19）

其实，不一定要进入迦南才算进入上帝的安息，迦南只是代表"安息"的一种象征。事实上，在四十年旷野漂流的旅程上，上帝本来的心意，就是希望透过守安息日的诫命、云彩引路、代表上帝同在的会幕等安排，让以色列民体会和享受在上帝恩典里的安息，只要信靠上帝，遵行上帝的诫命，就算身在旷野的旅程之上，也可以犹如身在家乡，进入上帝的安息，与上帝同在和同行。始终，上帝才是我们生命真正得安顿（或安息）的归宿，亦惟有完全放手，让生命安息于上帝怀中，我们才能经历生命中真正的自由自在。

第三部
港式BoBo迷思

布波管理学

在众多管理学理念中,带有强烈现代主义色彩的"麦当劳式"企业管理模式,无疑是强调理性与效益的现代管理学的最佳典范。里茨尔在其著作《社会的麦当劳化》(The McDonaldization of Society)中,总结了麦当劳式管理学的四种特征——强调结果、效率和收益;将生产量化或数字化、强调生产的可计算性;产品或服务的可预测性、单一化和同质性;以及机器和非人性化的技术对人的日益控制和替代。当然,为了实现上述的效果和特征,企业便要极度倚赖一套行之有效的制度(system)和科层组织(organization)了。

麦当劳式管理学可说是一种布尔乔亚资本主义文化的体现,由于布波族身内也流着布尔乔亚人的血液,因而也未必会对资本主义的企业管理和生产模式全然否定。尽管如此,由于他们同时向往波希米亚的创意文化与浪漫精神,因此也会表现出某程度上的反麦当劳式管理学的性格。

由于布波族的艺术家气质,于是创意已取代了效率,成为生产力的关键所在。工作不再只是一条高速却机械性地不断重复的生产线,亦不再只是一项量化或数字化的业绩表现,而是一种表达个人风格和充满自由想象的创作过程,工作就是自我的表现和创意的延伸。既然如此,多元、变化与新奇自然取代了同质、秩序和可预测性。无疑布波管理学乐于为员工制造敢于表达意见的空间,亦鼓励他们走在时代的尖端,并突破传统和既定的框框去

STANLEY

第三部
港式BoBo迷思

思想事情，以从事具有创意性的产业。

今天布波族的企业领袖，也不喜欢太功利和过于务实，因为他们做生意和工作并非只为赚钱，或多或少也是为了实现自己热爱的梦想、使命或兴趣；在他们心目中，工作最理想状态就是其梦想或兴趣的延伸。也由于他们拥有顽皮的自由心灵，于是工作不再只是日复一日沉闷难捱的无聊苦差，而是有如游戏般充满自由和乐趣。

既然如此，布波族的企业领袖也希望员工能够感染这种自由欢乐的工作气氛，甚至不惜工本安排丰富的娱乐和度假节目供员工享受，因为这样会有助于建立良好的人事关系和增强员工对企业的投入感。在布波族兴起的年代，无疑福特主义那流水作业式的大型工厂生产线和专业技术分工的年代已成过去；事实上，布波族的企业领袖，对由技术官僚的理性秩序所建立的管理架构所造成的僵化、冷漠和非人性化也不能忍受。因此，布波管理学最反对组织化和制度化的管理模式，尤其讨厌那种纪律部队式的、即由上而下充满权威性和监控性的管理架构，他们也倾向将层层迭迭的科层组织简化，尽量缩窄管理阶层与员工之间的距离，努力增强上司与下属之间面对面、直接和开放的沟通关系。简单而言，布波管理学主张以简单平等和愉快融洽的人事关系，代替严密的组织和冷漠的制度，企业组织不再被视为一部庞大的机器，而是一个充满回馈机制、相互结连和不断创新变化的有机体系。

消失的空间——大笪地夜市

夜市，几乎是所有介绍台湾的旅游指南必定推荐的热门消费景点，它主要是一个市集式的购物和美食天堂。一到晚上，台湾的夜市就灯火通明，人山人海，好像"趁墟"一样。夜市已逐渐成为旅游人士心目中的台湾地道文化。

夜市的街道一般都比较狭窄和凌乱，街道两旁布满各式各样的小商铺和食店，更有很多商贩在街道中央摆地摊或设置流动摊档贩卖，本来人多狭窄的街道，更加挤得水泄不通，行人前呼后拥，你推我撞，有时甚至寸步难移，令游人感到局促不安，却又乐在其中，因为不够挤拥，不够热闹，就缺乏行夜市的感觉。

今日香港人的夜生活和消遣，却离不开在 KII 和 apm 这类大型商场流连。类似台湾的街头夜市，实在所余无几，最著名的也就是油麻地的庙街及旺角的女人街和花园街了。至于传统被誉为"平民夜总会"的大笪地夜市，更是买少见少，庙街和大笪地的繁华热闹，一早已经风光不再。从事文化研究的香港大学荣休教授亚巴斯（Ackbar Abbas）曾指出，在殖民地统治下的香港社会空间是一种"消失的空间"（space of disappearance），大笪地这类夜市，也许就是"消失的空间"这一说法的最佳明证。

还记得很多年前，也许那时还未出现全球暖化的现象，冬天的日子较现在长，而且真的很寒冷，在寒风刺骨的冬夜，我最喜欢到中上环港澳码头附近的大笪地，瑟缩在露天的大排档里吃火锅，回想起来，那种风味，绝不是坐在高级餐厅里"锯扒"或在

五星级酒店里吃自助餐可以相比的,这已是一种久违了的感觉。那里没有名店售卖高价货品,有的只是在摊档或甚至摆地摊贩卖的平价货,要"扫"平货就要"踎街边"拣心头好,管它有没有仪态。此外,当然那里也少不了一些走江湖卖艺者的精彩表演,只要花些少金钱,就可以消遣一个晚上,可谓名符其实的"平民夜总会"。

那时的大笪地,真的是属于平民的公共空间,是平民在一天辛劳的工作后娱乐和社交的场所,当平民聚集在这的时候,各行各业的食肆及商品摊档就自然形成,根本无须政府任何的刻意规划。今天的香港虽然已愈来愈富裕,亦讲究什么城市规划,却竟然容不下大笪地这类属于平民的空间。富裕城市中这类"消失的空间",是否意味着在由战后婴儿潮那一代中产人士组成的政府的管治下,中产的核心价值已取代一切,香港这个国际级城市真的不再属于基层平民的了?

本来类似大笪地这样的传统夜市,应该是由无牌小贩的摊档构成,他们所奉行的管理智慧,本应就是"无为而治",其最大特色本应就是愈混杂、愈局促、愈喧闹、愈传统、愈地道、愈市井愈好。可惜,香港现存的街头夜市,在政府以中产的工具理性为核心的官僚文化管治下,已变得事事讲求规划有序,监管得宜。至于那批难于管理的无牌小贩,当然一早已被政府赶尽杀绝了。

港式中产　128

布波式城市规划

自从雅各布斯（Jane Jacobs）在一九六一年出版了《美国大城市的死与生》（The Death and Life of Great American Cities）之后，布鲁克斯称她是最初的布波族，除了因为这本书为布波族带来非常深远的影响之外，布鲁克斯更认为她本身便拥有典型波希米亚艺术家的想象力和气质，因她对异国情调（如非洲的雕塑、罗马尼亚的茶馆）和创意文化情有独钟，且竭力对抗高举单调、同质性和标准化的理性主义精神，以及现代主义味道浓厚的城市规划哲学。

虽然如此，雅各布斯却从来没有丑化或批评布尔乔亚阶层的市侩和势利。在《美国大城市的死与生》中，她反而欣赏那些街头商店的老板们所能散发出的小布尔乔亚阶层之美德——勤奋、互助、清洁、秩序、和睦……

最重要的是，雅各布斯非常厌恶那种只跟随现代标准化和倾向一体化的城市规划，虽然这种城市规划和建筑设计表面上看起来井然有序，但它最终可能只会是一种令人感到单调乏味的同质性的秩序，这不但夺去了城市给人的新鲜感，亦破坏了每个城市的个性、风格和各自的独特文化。雅各布斯认为，这种所谓"秩序"，在深层次上反而是一种混乱和失序，因为当人们游走于千篇一律的标准化城市空间里，便再很难分辨彼此间的差异，于是只会更容易陷入迷失的混乱当中。

雅各布斯却结合了布尔乔亚对整齐秩序的崇尚和波希米亚对自由解放、多元变化和简朴自然的热爱，倡议一种乱中有序、复杂中见简朴、多元中有合一、变化中见和谐、秩序与解放并存的布波式城市规划的美学。雅各布斯再三强调，如果想继续维持一个城市的生命和活力，就必须要珍惜这个城市长期以来形成的多元性和混合性，况且城市的多样化和混合性不但不会造成混乱，反而代表了一种高度发展的复杂的秩序。

雅各布斯强调，成功的社区并非由一些互不关联和陌生冷漠的个体组成，从社会意义和经济意义上来说，它们应是有机组合的连续体。故此，"关系"与"和谐"无疑是城市规划中重要的理想和目标，成功的社区就是要为在其中工作和生活的市民提供一种同在（togetherness）、归属和信赖的感觉，而这种社区和谐关系的气氛，到头来又会吸引更多人来到社区活动，于是最终为社区带来更大的社会和经济效益。

但她再三强调，绝不是划一性和标准化的规划秩序，使社区出现和谐关系的景象。相反，造就城市人互相交往和形成社区认同的感觉，乃是由于社区内保存了不同年代、不同阶层、不同性格、不同品味、不同功能的居民、街道、建筑物、生活方式和其他日常生活的文化。她相信几乎没有人愿意在千篇一律、单调、重复的地方流连和生活。惟有为社区保存多元化和差异性，才能使社区生活变得更丰富、有趣、充满活力和生气。因此，在兴建新建筑物之余，布波族愿意花更多时间和资源去修复古迹，拯救和活化旧社区、旧房子。

布波的游乐工作间

香港人工时长，工作忙碌，工作压力大已是很普遍的情况。人生好像只为无休止的工作而活，在疲于奔命的生活之下，容易会逐渐看不到工作本身的意义，甚至成为工作的奴隶，失去人性的自由。二〇一〇年发生在深圳富士康厂房员工连串的自杀事件，可算是被工作和生活奴役至死的现实写照。尽管如此，不少香港人却仍然抱着工作至上的心态而活。

传统以来，工作与游戏界限分明，工作是日复日苦闷疲累的劳动，游戏是工余尽情享乐的消闲。布波族却刻意要打破这条界线，将工作变为人生一大乐事，寓工作于娱乐，把用心工作与尽情玩乐混合为一，在繁忙的工作中享受工作所带来的乐趣，玩味人生。故此，他们很注重同事之间的关系，要为办公室制造融洽和欢乐的气氛。他们亦愿意安排更多的休息时段，穿插于工作时间之中，使工作与休闲的界线模糊；随着家居办公室（Home office）的愈趋普及，他们更在时间与空间上改变了传统工作与休息二分的思维和实践。当然，工作间的环境和设施也很重要，最好能提供给员工更多交谊和娱乐的空间，务求令员工拥有温暖、轻松和人性化的感觉。

二〇〇九年，澳洲旅游局曾在全球招聘任职澳洲大堡礁的生态保育员，相信这是最符合布波族口味的超级工作，这份工最吸引人之处，莫过于能在海天一色如天堂般的世外桃源里，寓工作于享乐悠闲。其实，上帝创世时的心意岂不也是如此，他造人之后，马上给人第一个神圣的召命，那就是担当文化生态保育的职事，在美丽如天堂般的伊甸乐园里，承担修理看守和管理大地的工作。何况，原初人的工作绝对不是为了糊口和生计的，因为上帝在人工作之先已为人赐下食物，人只用在丰裕的物质生活和优美的工作环境内享受工作的乐趣。只不过当人犯罪之后，工作也因人性的扭曲而变质，本来神圣和快乐的工作，最终却变成一生劳碌的苦差，人需要汗流满面辛劳才得糊口，工作变成一种被迫的强制性劳动，亦变成为奴役人、压制人与剥削人的工具。

雷纳（Hugo Rahner）在其著作《游戏的人》（Man at Play）中提过，人在游戏中，可以体验从冒险而来的惊异和充满创意的新奇，亦可以体验从随意戏耍而来的自由空间。所以，现代西方的儿童教育理论，大多反对强调密集工作量的"填鸭式"方法，反而主张从游戏所赋予的空间与自由中学习与成长。固然，游戏更可以帮助人从烦扰的现实世界中超越出来，不受现实困局的压迫和束缚，得享自由，甚至人们可以在游戏中奔往最逍遥自在的悠闲境

界。可见，游戏实在有其本身的价值，而且游戏对忙于工作及被工作奴役的人来说，尤为重要。

事实上，人类文化中的哲学、文学、艺术等创作，以及最伟大的科学发明，都极仰赖游戏式的冒险、自由和创意，而且它们大多数都是人类在休闲中创造出来的成果，因为休闲可以为人提供自由和创意的空间。难怪皮珀（Josef Pieper）主张，"休闲"是西方文化发展的基础。

圣经中，上帝经过六天的工作，在第七天通过放手的安息行动，展示了工作与安息的紧密关系，上帝在其中示范了一种既参与工作而又不受工作控制的自由。事实上，人在第六天被造、并被委派管理大地的召命之后，马上面对的不是工作，而是在第七天经历上帝同在的安息。换言之，这意味着人一旦离开安息，就无法按着上帝的心意做好管理大地的职事。故此，只有工作没有安息的人生，是不完满的人生。

港式中产

迷思二

健活・肉身

健康至上的肉身文化

布波族奉行"健康至上"的生活原则,非常重视身体健康。因此,除了注重健康饮食之外,他们一般都热衷于运动,也不计较花大笔金钱在一些运动设施和装备上,最重要是能够有效地使肉身保持在健康的状态。由于布波族主要都是基于健康的理由而参与运动,个人兴趣还是其次,所以并非任何运动项目都受欢迎,一般是按照医护界的权威意见来作出的选择。例如,一些有助心肺功能的有氧运动愈来愈流行,健身中心就是他们保持体型的热门场所,他们乐于不断喘着气、流着汗在各种电子器械上做重复或原地踏步的动作。运动本身明显不是目的,只是手段而已,具有很强的实用性和功利性考虑。而且,透过这被意志锻炼的运动身体,也彰显了人自我操控的主体性。

近年,香港人一窝蜂喜欢往深圳"捺骨",不但享受肉身从疼痛中得到舒缓的感觉,而且亦相信有医疗效用。重视生活品味的布波族,自然对廉价按摩兴趣不大,却钟情较高格调的香薰按摩水疗(SPA)。SPA是一种皮肤护理技术,目的是让全身的皮肤也来深呼吸,使皮肤的毛孔张开,让各种营养成分渗透至皮肤的深层,促进血液循环及皮肤的正常排汗功能,有助排除体内的毒素。

瑜伽运动近年亦在中产或布波族圈子内广泛流行。它并非纯粹是一种宗教性的心灵修炼,而是借助冥想来松弛神经和绷紧的肌肉。而且由于瑜伽重视呼吸的动作和过程,能让空气深入肺脏

的底层,属于一种有氧运动,于是它能声称有医疗效用,令血液循环畅顺,有助加速排除体内毒素,使皮肤光滑,精神奕奕,亦能减轻便秘、肩酸和头痛的困扰。故此,瑜伽运动的重点最终仍是肉身的健康。

"完美的身体"似乎是深植于现代社会文化中的理想追求,爱格里(C. Edgley)和布里赛特(D. Brissett)如此说:"完美的身体不允许有毒物质或有害行为扰乱其内部和谐。它的周围有保护膜包裹。总而言之,它就是'健康'。"

也许,自从尼采(Friedrich Nietzsche)主张一切从身体出发之后,肉身转向(turn to body)逐渐成为西方文化研究的重点。也许,自从人们经历了现代富裕社会都市病和生活压力的威胁之后,肉身的健康逐渐成为现代人最时髦的关注。何况人们亦愈来愈意识到,他们需要创造和累积健康的身体资本(bodily capital),个人的成就才有可能实现。

　　问题固然不在于肉身，亦不在于强身健体，只在于一旦对肉身健康过度崇拜，将肉身变成偶像般体贴供奉，便有可能培养出中产阶级特有的自恋型人格，以及反照出对肉身疾病、痛苦和死亡所怀的恐惧。由此看来，崇拜肉身和柏拉图式的贬抑肉身在本质上原来分别不大，同样显示了对肉身的敌意和对肉身死亡的忧虑。然而，古希腊哲学家爱比克泰德（Epictetus）说得好："可惧怕的不是死亡或痛苦，而是对死亡或痛苦的恐惧。"

　　使徒保罗也没有向往和夸耀一个无病无痛的人生，他再三强调，可以夸口的，也只不过是自己的软弱，甚至要夸口的，就是加在他肉身上使他痛苦的一根刺。换言之，人何时注视肉身上的刺痛和衰残的时候，何时就能免于自高自大。

第三部
港式BoBo迷思

有机饮食生活

撇除了被禁食的病鸡、病猪、毒菜、毒奶粉之外，我们每天不知把多少含有所谓"合规格"的基因改造、化学肥料和有毒农药的食物和饮料放进口里。活在物欲无穷和赚钱至上的资本主义消费社会里，为了快速大量生产外表美观的食品来满足庞大饮食市场的需求，最终人类只好承受被食物污染的危机。"你吃什么就会变成什么"（you are what you eat），难道只可默默接受，让这个患了病的饮食市场继续生产"有毒"的人？

早年周兆祥推行有机生活，被人投以怪异目光。近年有机饮食却大行其道，甚至成为一种近乎被人膜拜的新兴"宗教"。视"健康至上"为重要生活原则的布波族，必然成为其忠实信徒。

在炫耀性的暴发户式饮食文化里，有人或许会认为尽情暴饮暴食，品尝天下名贵美食佳肴，实在是人生一大乐事，同时也是身份的象征。布波族崇尚的饮食文化却截然不同，他们并非吝啬之辈，花几千元品尝顶级红酒大有人在，只是由于他们重视身体健康，因此反而主张日常饮食必须要节制。

布波族已把有机饮食变成一种精益求精的日常生活的学问，他们充分掌握健康饮食的学问和各类有机食物的知识。一方面，他们视高脂肪、高淀粉、高盐分和高卡路里的食物为洪水猛兽，并以现代主义量化标准的科学精神来管理日常饮食，进食时更严格限制自己不能超标；另一方面，他们亦很懂得如何配合各类有机健康食品的成分和烹调方法来促进身体的健康，并对自己身体

的健康状况、一般医学和营养学知识、食物标签内的资讯说明了如指掌,不少布波族俨然成为专业的营养学家。而那种主张少油、低火、少煎炸的简单烹调方法,以及强调那些质朴粗糙的健康食品或饮料,例如糙米、天然酵母酿制的啤酒、有机大豆制的豆浆、含有各种谷类纤维成分较高的面包、未经漂白提炼的天然砂糖等,正好构成他们有机生活的一部分。这种有机饮食文化,亦恰好反映了布波族那种崇尚简约主义和回归原始的自然主义之生活美学原则。

本来,在过度消费的现代社会里,适度的节制物质欲望和简朴生活的实践,是一种值得传扬的德性伦理和属灵操练。可惜,时下不少人所奉行的有机饮食生活,却只得一个私人目的,就是纯粹为了个人肉身健康而行。甚至乎由于这已被追捧成为生活时尚,且有中产的市场需求,致使有机食品的价格比较昂贵,而非基层市民的经济能力所能负担。到头来,有机饮食文化,又沦为凸显中产身份或炫耀布波生活品味的消费行为。如此的有机生活,最终反而变得有点过度崇拜肉身、炫耀个人品味和自我中心的倾向。

其实，有机饮食文化的着眼点，不仅是个人肉身健康的问题，还应该关注到整个自然生态的可持续发展。根据一九九五年美国国家有机物标准委员会（National Organic Standards Board）的定义，有机是一个生态产品管理系统，以恢复、维系和促进生态和谐为基础，致力保持生态循环和土壤生态活动。因为长期滥用农药和化肥，会让土地逐渐沦为毒土，最终只会死亡。而有机耕种就是养活泥土，使泥土有生命，故能保持自然生态的活力，以生生不息的"活土"来种植能滋养生命的食物，可见土地和大自然（包括人）的生命息息相关。

医药工业执政掌权的时代

翻开报章或杂志，就会发现铺天盖地都是一些具备医疗功效的健康产品广告，不同牌子医治失眠和强化肺部功能的冬虫夏草、声称可提升免疫力的灵芝孢子、益脑明目的蓝莓素、能迅速减肥的消脂丸、医治鼻敏感的蜂胶皇、治疗关节痛的健络丸。当成年人怪责青少年滥用药物的时候，为何不扪心自问，自己岂不是同样沉溺于滥药文化之中么？这种医药消费文化所推销的"健康至上"生活哲学，并非布波族独有，其实已渗透各社会阶层成为时尚的大众生活文化的一部分。

当肉身健康成为至上，我们的身体，自然就变成医疗消费的肉身，于是医疗工业机构和药厂便列出五花八门的"消费餐单"，借着满足消费者关心健康的心理，无声无色地在打我们的财富主意。

正如在《取回我们的身体》(Reclaiming the Body)一书中，舒曼(Joel Shuman)和福尔克(Brian Volck)引用使徒保罗的语句，现代的医药工业正是"执政及掌权的"。固然"执政及掌权的"不一定是坏事，医药工业也可以是在上帝的许可下而有存在的价值，何况上帝更如此说："无论……执政的，掌权的；一概都是藉着他造的，又是为他造的。"(《歌罗西书》1：15)

问题却是，当我们已被消费者的选择权、身体和健康体格的自主操控权、安乐死亡权、专业主义的话语权这类意识形态占据了思维的时候，医药工业便已经不动声色地跟专业主义、资本主义和消费主义的市场机制结盟。如此，医药工业便反过来成为主宰现代人生老病死的强力权势。更可惜的是，我们竟然逐渐在医药工业消费文化的强力权势下甘于就范，因为毕竟它能提供我们心中的所需，药品已代替上帝成为我们崇拜的偶像。逐渐地，本来藉着基督及为了基督而存在的医疗和药物体制，最终甚至因服膺于撒旦的权势而不能不暴露其邪恶。

事实正是如此。其中一家全球最大型的药厂"辉瑞"（Pfizer），曾生产过一种治疗关节炎的王牌产品 Celebrex，其后发表声明，承认当人大量服用这药物，便会增加患心脏病的危险。在 Celebrex 之前，其实已发生过"默克药厂"（Merck & Co.）的畅销关节炎药 Vioxx 服用后会导致心血管病的事件。此外，德国医药专栏作家布莱克（Jorg Blech）曾撰书《发明疾病的人》（*Die Krankheitserfinder*），他不但表示对一些药厂所宣称的药物疗效存疑，甚至揭露了不少医药工业神话背后，其实疑似一个骗局。有药厂不惜跟一些医疗研究人员串通，刻意夸大一些病情，或甚至"发明"一些未必有根据的疾病，例如飞行时差症候群、天堂忧郁症、悠闲病、惧血惧医症等；又如在一九九三年，德国斯克美占药厂（Smith Kline Beecham）声称出现一种名为"希希症"（Sisi Syndrom）的新病，据说患此病者，通常表现得令人觉得他活力充沛，实情却是借此来掩饰自己的忧郁倾向；当然，药厂"发现"这种新病的目的，最终只是为了推销旗下生产的药品而已。

（有关这方面的资料,参叶辉的《书到用时:叶辉知识版图》〔香港:文化工房,2008〕。）

性爱肉身的知性化

在传统的布尔乔亚社会里，由于维系稳定的家庭结构和社会秩序是他们的核心价值，于是便主张性行为应该受到适当的规范，且要循规蹈矩地进行。他们一般认为，在婚姻关系里面进行的两性性行为才合乎道德标准，而懂得节制性欲也被视为一种美德。

具反叛性格和浪漫精神的波希米亚文化人，自然大力批判传统布尔乔亚人的性伦理观念，他们反对将性爱变成难以启齿的禁忌，亦不同意压抑性欲，却鼓励应该尽情享受性爱带来的欢愉。他们倡议性爱的自由，且决意要解除一切来自性道德权威的枷锁的束缚，甚至不介意放纵情欲，并敢于冒险做出传统认为越轨的性行为，以求体现个人在自身肉体和性爱方面的自主性。因此，对波希米亚人来说，体现个体自由的性解放反而会被认为才是合乎道德的美事。

布尔乔亚和波希米亚阶层之间，也许无可避免地要展开了一场性文化的战争。表面看来，混合了两种文化的布波族扮演了和平之子的角色，他们似乎开辟出一条中庸路线，将危害社会秩序的越轨性行为和放纵的性欲，变成为理性节制且具社会建设性的美事。

本来在一般人的心目中，波希米亚人开放的性观念，其所代表的是一种伤风败俗、道德沦亡的性文化。布鲁克斯却认为，在布波族的努力下，他们已经除掉了这种波希米亚性文化所建立的"性开放等同犯了淫荡罪"的污名，正如他以较为夸张的手法如此

描述:"布波族变成了传讲阴部的牧师。"意思是,布波族所宣传"安全和负责"的性爱观,反而可成为有利社会稳定秩序的福音。

布波族的性爱观有两种特色。第一,他们将性爱变得知识化和理性化。性爱不再只是男欢女爱纯粹满足感官享受闺房之乐的私事,而是走进大学鼓励公开讨论、并以理性深思的学术课题和研究项目。布波族亦乐于透过研习班或各类有关性教育的影音教材,以完善自己的性知识和技巧,以致更能达到安全性行为的标准,以及更能享受性爱过程中带来的乐趣和彼此亲密的感觉。第二,虽然布波族基本上拥有开放的性观念,但他们仍觉得需要将过度放纵的性爱重新规范化;或者说,他们无意再将性爱视为颠覆社会道德常态的手段。故此,纵然他们并不抗拒同性恋、性虐待及集体性爱这些异类的性行为,但他们主张任何事情都需要在合理和有节制的情况下进行,任何性行为都应该接受各自所定的规则和礼节的规范,例如淫秽下流的色情笑话和性骚扰的行为都必须加以约束,因为这样才配称为"负责的性"。当然,这样做有另一原因,就是一班高学历和自认有生活品味的布波族,要把性爱重新打造成为一件高尚的事情,力求重新融入主流社会被大众接纳。

布波族这种重新理性化和规范化的自由性爱观,似乎在向一些卫道之士提出挑战,即继续将某些异类性行为妖魔化这种策略是行不通的。甚至,在这种理性化和规范化的政治策略下,本来被视为异类的性行为,却有可能逐渐被社会接纳为常态,并反而将妖魔化的做法视为政治不正确。

港式中产

迷思三
唯美・格调

推销布波格调的 K11

K11，不是巴士路线的编号，而是某大地产商与市区重建局合作，座落于尖沙咀超级豪宅和五星级酒店下层的大型商场地产项目。再次证明，毫不吝啬地清拆旧建筑物，然后兴建地标式大型商场、豪宅和酒店，似乎是香港市区重建和城市发展的单一目标。

不过，K11却标榜自己跟一般的商场有别，自称为"全球首个购物艺术馆"。在其网页广告中，它自夸已融合"艺术、人文、自然"三大元素于商场之内，号称将购物商场变成一个全新概念的艺术舞台，且在商场内装置了多件由本地艺术家创作的艺术品，包括绘画、雕塑及天花挂饰等，务求将商场打造成一个有艺术品味及美感的消费空间，让游人不但消费商品，同时消费一种好像很有艺术品味的感觉。

若要配合这样高格调的艺术空间，销售的自然不可能是一些低档和廉价的商品，因此进驻K11的，必然是一些专售高级品牌货品的名店和高档食肆。例如有主打活鲍鱼、龙虾和其他海鲜刺身的"浜"日本料理；有来自东京银座八十多年历史的老字号银座梅林，其中一款名物为吉列猪扒三文治，猪肉来自鹿儿岛及宫崎，而且自家秘制的猪扒酱更是银座梅林的灵魂。此外，还有Tiffany & Co. Watches、Hush Puppies、Gay Giano 等名店。然而，试问这样高消费和高格调的购物艺术馆，难道会吸引"牛头角顺嫂"和"天水围师奶"来观赏、豪叹和扫货么？招徕的主要对象，自然是一班中产阶级的所谓布波族了，当然也包括国内自由行的大豪客。

不过，号称"全球首个购物艺术馆"的K11，坦白说，其实没有什么新意，甚至有点言过其实，试问在商场放置几件艺术品有什么出奇？其他商场没有吗（只不过可能不是名家的作品而已）？可能由于他们打算为商场营造一种布波格调，于是便以创意艺术作为商场的主题。它根本算不上甚么艺术馆，而只是另一个主题化的大型购物商场而已。K11的设计者，可算只是将波希米亚的创意精神务实地作为布尔乔亚营商的手段，并将抽象浪漫的创意艺术，转化为满足物欲的消费符码而已。

如果K11属于市区重建项目，它就应该是属于香港市民的公共空间。作为一个公民社会，在政府建构城市面貌的过程中，公众理应对公共空间的参与能发挥更大的影响力。事实上，根据《市区重建策略》所订立的目标，特区政府应承过会尽量搜集民意，让市民共同探讨如何能在市区更新过程中，为所有市民缔造优质的都市生活环境，并同时保留城市的独特风貌。

K11有损本土文化，不能保留城市的独特风貌，已经不在话下。更可惜的是，它有很强的阶级性和排他性，草根阶层来到这里，只会感到格格不入，也跟他们的日常生活毫不相干。K11似乎只是属于有权有势的财团，只是由权力阶级为中产精英的布波族制造出来的高格调消费空间。故此，与其说K11是什么购物艺术馆，不如说是大地产商郑志刚一直梦想建立的购物王国；事实上，他承认这就是K11名字的由来（K字就是指到kingdom，而K字在英文字母中则排行11）。

布波式旅游凝视

离港出外旅游，几乎成为中产阶级日常休闲生活不可或缺的一部分。随着科技和交通工具的高速发展而带来的旅游便利，大规模的观光旅游自然成为现代化的产物和普遍的社会现象。

旅游文化产业，已成为不少国家经济发展的重点项目，于是各地政府便千方百计要制造特色的旅游景点，以吸引观光客的目光；事实上，观光旅游的重点，就是观光客在旅程中的视觉经验。因此，观光客的凝视（gaze）、观光客这凝视主体（gazer）的文化想象、如何建构被凝视的客体（gazee）、观光客与被凝视的观光景点之间的社会关系，便成为厄里（John Urry）研究旅游社会学的核心观念和主题。

厄里认为，观光旅游就是一种"偏离常轨"（departure）的社会行为，目的是要有限度地摆脱那些日常生活习以为常的惯例与行事作风，即偏离日常平凡无奇的被凝视的客体，盼望从身处异地观光旅游的经历中，藉着凝视去努力搜集日常似乎无法得见的异国风情。既然如此，那种习以为常地跟旅行团逛景点、行商场、游主题公园、食团体餐的套餐式旅游经验，自然不能满足一般中产观光客的要求，他们甚至觉得，那些参加景点式观光和购物消费旅行团的游客过于庸俗，惟有自由自在和悠闲写意的知性旅游，才够品味。于是，潮流兴自由行，他们以为这种自主的旅游文化，可以为标准化的套餐式旅游经验，带来一点惊喜和新意，以致更加贯彻"偏离常轨"的目的。

不过，新兴的高学历布波族的旅游品味，跟一般中产旅客又有点不同。由于他们更讲求创意品味和文化体验，因此，他们觉得时下一般的自由行，其实未能真正做到厄里所讲的"偏离常轨"，甚至质疑那种跟着旅游指南（尽管是 Lonely Planet；笔者按：该书已有中译本）建议的景点按图索骥的自由行方式，岂不也是旅游工业为观光客刻意复制出来的被凝视的客体，以及有待凝视经验来印证的旅游文化想像么？

布波族认为，这类愈来愈大众化的自由行，不能反映他们的独特个性，为了凸显属于小众的另类风格和脱俗品味，也为了要符合他们所崇尚的自然主义和简约主义的生活美学原则，因此他们要搞一些属于小众和另类的生态或文化体验旅游，追求更接近自然本真与更表现文化品味的观光凝视。于是，他们宁可选择没有五星级酒店、交通不方便、生活条件较差，却很少有人去过的冷门地点。他们可能有兴趣重寻旧日切·格瓦拉（Che Guevara）游历南美洲的足迹；或者勇闯朝鲜这神秘国度；或者划艇穿越亚马逊热带雨林的沼泽地带；或者冒险往非洲某个原始部落探访。总之，他们就是刻意离开平时过惯的富裕生活，去到不同民族和不同文化的穷乡僻壤当中，体会原始、平静、简朴、刻苦的生活经验。他们甚至会刻意安排一些非常艰苦的生态探险之旅，攀山越岭，让自己暴露于大自然的威力底下体验受苦的感觉，目的不外是挑战自己意志和能力的极限，感受生命，在心理上满足自我实现的成就感。布波族认为，这种具有异国情调、回归自然和刻苦修行式的生态或文化旅游，同时具有提升心灵质素的道德价值。

不过，最讽刺的是，布波族旅游时，往往会穿着名牌的户外服饰和配备昂贵的旅行装备，结果是口里打着净化心灵和抗衡物质主义的旗号，但实际上仍然奉行消费主义和物欲崇拜的精神。说到底，号称回归自然本真的布波观光客的旅游凝视，原来始终也仅是一连串被旅游产业建构的拟真的"假事件"（pseudo-event）和文化想象的符号而已。也许，旅游毕竟只是一个不断复制和诠释观光凝视符号的历程。

人生也是一个旅程。旅程本身有何特性？它固然是流动的，而且必定是介乎两个地点之间的一段空间或一条路线。有一个英文字"liminality"，本意是"门槛"，但可以引申用来指介乎两者之间的中间状态。以色列人的旷野之旅，正是介乎埃及和迦南两地之间的一段过渡的中间状态，四十年就是时间上的中间状态（liminality in time），旷野就是空间上的中间状态（liminality in space）。

人生犹如旅程，这意味着我们的生命，同样经常处于两种不同的存在界面之间所经历的一种过渡和转变的状态。或者说，我们经常在一些生命事件的夹缝或介乎两者之间的中间状态当中，不断经历挣扎、进退和成败得失。

上帝带领以色列人出埃及，也可被视为一种"偏离常轨"的

旅程经验，毕竟要他们在这种中间状态的信仰旅程中，学习凝视荒凉旷野的沿途风光，凝视上帝在西奈山颁布律法诫命的法版，凝视云柱和火柱的引领，凝视鹌鹑和吗哪的从天降下……凝视上帝在旷野路上的一切作为。故此，四十年的旷野之旅，肯定是一次为要净化以色列人心灵的旅程，尽管他们最终学得不好！

当 Leica 遇上 Snapshot

活在"高像素"与"全高清"的年代,比真实世界更清晰的图像,无处不在地包围着我们,拟真的视觉经验,已主导着我们日常生活的文化。

我看(或被看),故我存在。重要的不仅是看的主体与被看的客体,还有看的方式(ways of seeing),即如何去看并如何诠释所看之对象的方式。

透过摄影去看固然是一种看的方式,当摄影被视为艺术,看的主体就自以为用艺术的眼睛去看,于是摄影可能成为一种富艺术性的看的方式。不少布波族正乐于拿着摄影机这样到处去看,就算售价贵得惊人,Leica 相机往往仍是他们的首选极品,因为 Leica 代表的就是古典(classic)的化身,是摄影机中最具魅力的品牌,具有收藏性的历史价值,又是专业质素的最佳保证。从 Leica 的镜头去看,也许布波族期待看出一个有艺术品味的花花世界。

复古的相机外形不但是 Leica 美学品味的象征,仿佛同时意味着它是经得起时间考验的经典品牌,故此也是收藏家喜欢搜集的艺术珍品。然而,当我们收藏怀旧古董,当复古的 Leica 相机似要向我们见证一段摄影小史的光荣岁月的时候,这是否恰恰要告诉我们,渺小的生命如何经不起时间的考验?

桑塔格(Susan Sontag)在《论摄影》(On Photography)中如是说:"现在是怀旧的时代,而照片积极地推广怀旧。"用怀旧外形的 Leica 相机拍下的照片正积极地推广怀旧,它也积极地见证着要

靠追忆来挽留时光的飞逝,难怪桑塔格说:"摄影是一门黄昏艺术。""所有照片都'使人想到死'。拍照就是参与另一个人(或物)的必死性、脆弱性、可变性。所有照片恰恰都是通过切下这一刻并把它冻结,来见证时间的无情流逝。"人生苦短,更何况当现代生活以令人晕眩的变化速度发生的时候,摄影就是企图捕捉正在不断消失的事物,每张照片试图要记录的,乃是一刻飞逝的时光,一个曾经相识相遇的故人,以及一段无常的人生世事。桑塔格说得对,照片"使人想到死亡"(memento mori),摄影唤醒我们追悼和思念人与物的必死性。

故此,当布波族选用经得起时间考验及具有经典地位的专业相机 Leica 拍快照的时候,岂不是更加印证摄影的 memento mori 吗?快照必然是一种即兴及快拍的看的方式,摄影者随着当下一刻主观的感觉,随处拍下日常生活中稍纵即逝的片段,任意地复

制着平凡生活琐事或小人物的众生相。如此，在现代视觉文化主导的社会里，真实的日常生活经验，只会逐渐变成了快速和大量地被复制在照片上的看的方式和看的印象，仿佛看过照片，就等于代替了实在地经验过现实生活的滋味。因此，当摄影变成日常生活记录报导（documentary）的快照的时候，它在我们看的方式上，以及存在的意义上，又已经静静地起了革命。更明显地，它宣示着生命的必死性和脆弱性——"早晨发芽生长，晚上割下枯干。"（《诗篇》90∶6）

家居品味

　　布波族不是工作狂,他们重视休闲生活,喜欢赋闲在家,并相信这个家可以为他们缔造一个宁静舒适和自由自在的休闲空间。由于他们又自认为拥有波希米亚人的自由创意与艺术品味,故往往喜欢按照自己的心意和个人风格来设计理想的安乐窝。于是,他们将休闲的家居生活艺术化或美学化,这可算是布波族的文化特征,也可以说,他们透过此家居美学,以彰显追求自我个性和个人创意风格的生活品味。

　　在家居装饰和设计上面,布波族一般都奉行自然主义和简约主义的美学原则,主张简单就是美,回归自然,最讨厌过度的人工化和炫耀的浮夸。因此,他们一般会反对那些金碧辉煌的古典宫廷式的室内设计,以及精工雕琢、表面光滑亮丽的名贵家具装潢。相反,他们喜欢一些比较简洁自然和质感粗糙的设计和装饰,最好加上一点怀旧感觉。

　　藤器和木制家具是布波族的心头好,除了柜台和桌椅之外,亦喜欢以藤和木制成各种美观的装饰家具。他们喜爱选用藤器和木器的原因,是由于它们的原料直接来自大自然,好像给人一种坐拥山林回归自然的感觉,符合自然主义的生活美学原则。布波族尤其偏好木制的仿古家具,有时甚至刻意在木制家具上加上凹陷或刮花的痕迹,或故意弄到墙壁或家具表面有点油漆剥落和残旧。因为这样能制造一种怀旧和质朴无华的缺陷美。布波族亦偏好民族特色较重的手工艺品作为家居摆设,一些具原始气息的色

第三部
港式BoBo迷思

彩、质地粗糙、线条简单的陶瓷手工艺品最受他们欢迎，因为陶瓷往往亦给人一种回归大自然的泥土气息和淳朴的美感。

由于布波族经常因公干或旅游的原因而周游列国，每到一处，就会搜集当地的旅游纪念品或家居装饰精品。因此，他们的家室，便俨然成为摆设不同民族手工艺品的展览厅。

布波族对床上用品、布梳化、台布、窗帘等布艺设计的颜色和图案也非常讲究。为了贯彻自然主义和简约主义的生活美学原则，通常最爱选用全棉或亚麻质料的织布，亦以简约的图案设计为首选，苏格兰格子图案或印有欧陆田园风格图案的布艺设计不但感觉优雅，还能给人一种回归田园的淳朴自然感觉，因此最受欢迎。

家居品味，固然能增加生活的情趣；怀旧感觉，固然亦能唤起一份失落了的情怀。但说到底，家庭成员之间所流露的人情味，才能持久地温暖我们的心窝。

布波族在家居设计上,既表现漫不经心的自然态度,其实也在刻意经营;既喜欢简单,却又注重设计上的细节;既追求反璞归真的风格,却又不惜工本来达成目的。他们就是凭着这种刻意的自然、复杂的简约和奢侈的朴素,来呈现一种多元混杂富吊诡性的生活品味。

傅士德(Richard J. Foster)也讲"复杂的简朴","复杂"所指的是人生和现实社会的多元性和复杂性,因此"简朴"不等于"简化"。因此,"简朴"不单是一种外在家居品味的美学原则,而应该是一种由内在的生命质素和人生态度所产生的外在生活践行。

耶稣说:"清心的人有福了!因为他们必得见上帝。"(《马太福音》5:8)

布波 G.O.D.

一九九六年在一工厂大厦内开业的 G.O.D.，初期还名不见经传，不过其创办人之一杨志超，一早已打算要把旗下商品打造成为专攻中产消费市场的香港品牌。今天，他们终于不但能在铜锣湾和尖沙咀这些旺区开设店铺，还以品牌名义冲出香港，拓展中国内地及欧美市场，专门出售"现购自运"（Cash and Carry）的小型家品。不过，G.O.D. 之所以能够成功打入商业市场，主要跟其产品能表现出创意设计和本土美学有关，它曾获得香港十大名牌及亚洲最具影响力设计优秀奖。此外，G.O.D. 亦有关注及参与文化艺术的工作，成立街头文化馆，以装置艺术来展示香港地道的街头文化。集商业与艺术元素于一身，G.O.D. 可算是在香港里颇能反映布波风格，并以布波族为消费对象的名店。

由于布波族很懂得享受休闲和生活品味，因此他们一般都很重视自己家居生活的设计和摆设。G.O.D. 的中译就是"住好啲"，注入有创意和个性的家居生活品味，提高居住的质素，正是它整个的经营概念和目标，由此可见，它似乎对准了布波族的市场。

如果跨界多元和矛盾混杂是布波族的文化特征，G.O.D. 亦充分反映这种布波风格。不知是否故意，骤眼看上去很容易被人误读为GOD（上帝）的英文店名（本意是 Goods of Desire），中文却音译为通俗的地道广东俚语"住好啲"，在命名上，似乎让人有"神圣 crossover 通俗"、"精神 crossover 物欲"的感觉。不过，将"矛盾混杂"这种特性玩得更尽的，要算是一间本来以创意艺

术和中产高档生活品味为卖点的名店，却推出带有粤语粗口谐音"Delay No More"和疑似黑社会暗语"7+7K"字样的草根味浓的产品，这种挑战社会伦理尺度的出位行动，姑且勿论是否一种商业上的宣传策略，却或多或少已反映了波希米亚文化那种反叛的性格。G.O.D.这类点到即止的越界行动，既没有完全违反社会和商业运作的游戏规则，却又起码达到了模糊和颠覆黑白分明和二元对立界线的目的，岂不是也符合了布波族乱中有序的性格吗？

G.O.D.以怀旧设计（vintage design），或称"摩登怀旧"（modern retro）为特色卖点的产品，明显也符合布波族跨界混杂的文化特征，因为它在现代商品中注入复古元素，刻意地将复古作为现代时尚的一种生产和消费方式。最明显的例子莫过于那印有港式密集旧唐楼景观的滑鼠垫，正是在现代产品中注入怀旧元素的典型。此外，G.O.D.又跟富现代感的咖啡店星巴克（Starbucks）合作，开设了一间以六七十年代怀旧港式冰室设计为蓝本的餐厅，不但中西合璧，更是明显的"摩登怀旧"，亦体现了在经济市场上生活文化的全球在地化（Glocalization）的趋势。

本来走中产路线的宜家（Ikea），近年在产品设计和价钱上却愈来愈接近大众化的市场，所以未必能满足某些中产人士的需求。反而G.O.D.选择走独特个性和高格调的路线，就算货品的售价比较昂贵，也可能吸引到布波族的垂青。因为布波族所喜爱的，正是那些有别于一般大众消费模式的商店，价钱是否昂贵反而不成问题。

G.O.D. 的 Vintage

在 G.O.D. 的经营概念里，开宗明义是要展现香港本土的生活文化，并借此为顾客发掘充满东方色彩的生活品味。因此，G.O.D. 刻意将本土文化的意念融入于产品之中，并以怀旧设计（vintage design）为特色卖点。

只要步入 G.O.D.，就仿佛进入一间展示香港五十至七十年代生活文化的博物馆，周围布满了木制的古老家俬，暗花磨砂玻璃板间房设计的屏风，印有六七十年代《儿童乐园》漫画的房门挂帘，墙壁贴上以黄玉郎的《小流氓》漫画砌成图案的墙纸，配以红白西瓜波的天花饰灯，当然亦少不了传统的公鸡碗、暖水壶、烟灰缸等家具用品的摆设，以及红白蓝和红双喜系列的手提袋。G.O.D. 又跟星巴克合作，在中环开设了一间以六七十年代怀旧港式冰室设计为蓝本的餐厅，让顾客安坐在布满半掩白布的鸟笼、传统的餐单水牌、马赛克纸皮石，以及茶餐厅卡位这种地道港式冰室的环境和气氛内，悠闲地品尝 cappuccino 的香味，这充分展现 vintage 的感觉。

这种注入本土怀旧文化的创意产业，当中的 vintage，究竟只是一种纯粹商品设计上的 modern retro，还是具有较深层文化意涵的 nostalgia？Nostalgia 可译作怀旧，当然并非任何旧东西都是 nostalgia 的，nostalgia 是一种寄生于美学氛围内由回忆而产生的当下感觉，因此它必定经过浪漫化的美感包装，借此带出古旧文化的阴柔之美，很多时它跟消费美感有关。不过，在后现代变化极

快的消费文化和时尚的流行文化中,几乎天天新款,今季的流行时尚,下季就可能已变得落伍,消费者经常可以对刚刚流行过的时尚产生一种怀旧感觉。如此,Nostalgia 是否反而成为经常流行的时尚?这种消费式 nostalgia,最终是否反而会抵销了回忆和历史的深度?

G.O.D. 创办人杨志超曾说:"Vintage 最重要的意义不只是因为旧,而是当中存在着一种个性。"这里所讲的"个性",当然可以指到美学上表现出来设计的独特性,由此展现个人的独特风格和品味。当然,这种将个人风格融入于产品的美学,转头便能成为消费主体展示或炫耀自我身份的象征性符号,而这种独具一格的 vintage 消费美学,亦正好符合了布波族强调个性的生活品味。

相对于全球一体化的消费模式来说,我们也可从区域性和民族性的本土美学来理解"个性"所指的是怎样的一回事。由于本

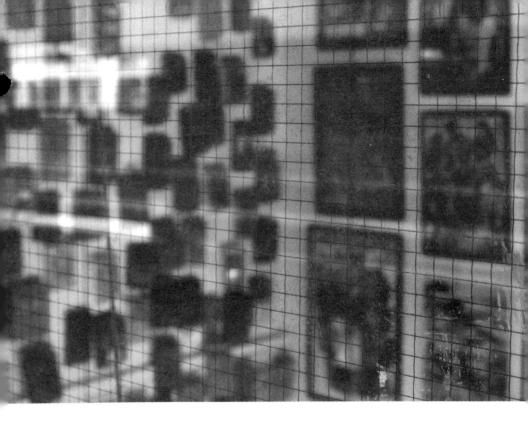

土美学的使命就是要凸显消费产品的独特性,因此那些充分反映本土美学的民族手工艺品,一般较能呈现设计者和消费者的个性和独特品味。不过,更值得留意的是,这种回归本土文化的个性体现,其实背后可能也涉及设计者和消费者的社会文化身份认同的问题。事实上,在G.O.D.的经营概念里,绝对含有这种让东方文化抬头,以及凸显香港人本土身份认同的意识。

　　Nostalgia 这个词的原意其实是"乡愁",本来是指到十七世纪末一班在异地打仗的士兵,因思乡情切而将他乡误认为故乡的一种思乡病的病症,后来被引申为指到在文化上对昔日一段黄金时期的怀念和憧憬。香港人在九七回归之后的后殖民年代里,处处表现出对殖民年代生活的留恋和怀缅,于是随着后九七香港人本土意识的抬头及对本土身份的认同,流行怀旧的本土文化亦逐渐有兴起的势头,也许G.O.D.便是看准及配合这形势发展的一个典型例子。